音声ダウンロード付

大学入試
肘井 学の

英語会話問題
が面白いほど解ける本

スタディサプリ講師
肘井 学
Gaku Hijii

JN048046

KADOKAWA

はじめに

　現在の大学入試問題では、英語長文の出題が多くを占めます。英語長文が志望校合格の鍵を握るので、私自身の書いたものも含めて、長文問題を扱った参考書が多く出版されています。ついで、英文法や英作文、リスニングの対策書も刊行されています。

　一方で、**入試での出題率が非常に高い**にもかかわらず、会話問題の参考書はほとんどないのが実情です。そこで、本書を刊行する運びとなりました。会話問題は、私立大学、国公立大学双方で出題されますが、通常の英語長文の対策だけで解こうとすると、非常に苦しいものになります。

　会話問題の攻略に最も重要なのは、やはり会話特有の表現をおさえていくことでしょう。本書では実に、**228の会話・口語特有の表現**を扱います。これを知った上で入試本番に臨むのと臨まないのとでは、大きな差が生まれるでしょう。本書では3章に分けることで、無理なく段階的に高度な会話表現をマスターしていきます。

　誰もが対策をする英語長文に対して、会話問題の対策は手薄な人が多くなります。実は**合否の鍵を握っている会話問題**の対策を本書で徹底することで、みなさんの志望校合格への後押しとなることを願っています。

肘井　学
(ヒジイ　ガク)

も く じ

第1章　英会話の定型表現をマスターする!!

第2章　長い会話文を攻略する!!

第3章　ハイレベル会話問題を攻略する!!

本 書 の 特 長

特長その❶

228プラスαの英会話の定型表現が身に付く！

　会話問題の出来を左右するのは、**英会話の定型表現**を知っているかどうかです。本書では、第1章で基本的な会話表現を扱い、第2章、第3章と徐々にレベルを上げていきます。**第3章では、難関大対策のかなり高度な会話表現も扱う**ので、楽しみにしていてください。

特長その❷

18の会話表現POINT付き！

　会話表現でも、体系的に整理できるものは、**会話表現POINT**でまとめてあります。効率よく知識を整理しながら、会話表現をマスターしていきましょう。

特長その❸

知識定着のための口頭チェックテスト付き！

　指導者がいる場合は、章が終わるごとに、**口頭チェックテスト**で、会話表現の定着を確認してもらってください。独学で進めている場合は、章が終わるごとに、自分で知識の定着を確認してください。

特長その❹

会話・口語表現のファイナルチェックリスト付き！

　本書で紹介した重要な会話・口語表現を、巻末にまとめてあります。通学のバスや電車の中、それから寝る前や朝起きた後などに、何度も見直して、自分のものにしましょう。

本 書 の 使 い 方

1　**問題を解く**

　会話問題は、英語長文とは解き方も異なります。英語長文と比べて**空所補充問題**がほとんどなので、それに応じた解き方をしていきます。具体的には、**空所の前後と選択肢に着目**して、解いていきます。

2　**解答・解説を読み進める**

　解答を見て答え合わせをします。解説を見て、**会話表現POINT**を中心に、知らない表現をおさえていきましょう。

3　**気になる表現、会話を音声で確認する**

　会話問題はリスニングの問題ではないので、必ずしも音声を使用しなくても構いません。長文と異なり、時間のかかる音読も必須ではありません。本書は、会話表現の習得や解法を学ぶことを目的としていますが、音声で確認したい方は、適宜利用してください。

4　**章・問題が終わるごとに、口頭チェックテストで知識を定着させる**

　問題を解くことや解説を読んで理解すること以上に重要なのが、会話表現の習得です。丸暗記を避けて、なぜそういう意味になるかを解説していますが、同時に**口頭チェックテスト**で反復することで、知識を定着させてください。

5　**ファイナルチェックリストで知識を確認する**

　本書で登場した**228の会話・口語表現**を巻末にまとめました。本書を一冊やり終えた後に、知識の定着を図るために、何度も繰り返してください。試験本番直前に見た知識が、一番定着が良くなります。

音声ダウンロードについて

音声ファイルは、以下からダウンロードして聴くことができます。

> https://www.kadokawa.co.jp/product/322210001378
> ユーザー名　kaiwamondai
> パスワード　1125-eigo

- 上記ウェブサイトにはパソコンからアクセスしてください。音声ファイルは携帯電話、スマートフォン、タブレット端末などからはダウンロードできないので、ご注意ください。

- スマートフォンに対応した再生方法もご用意しています。詳細は上記URLへアクセスの上、ご確認ください。

- 音声ファイルはMP3形式です。パソコンに保存して、パソコンで再生するか、携帯音楽プレーヤーに取り込んでご使用ください。また、再生方法などについては、各メーカーのオフィシャルサイトなどをご参照ください。

- このサービスは、予告なく終了する場合があります。あらかじめご留意ください。

第 **1** 章

英会話の定型表現をマスターする!!

- 会話問題では、通常の文法問題や長文問題ではあまり触れることのない表現がたくさん出てくることがあります。それらの表現を知らないと、文脈がつかめない、選択肢の意味がわからないなどの理由で正解を選ぶことができません。よって、第1章では会話問題で頻出の表現を、問題演習を通じて紹介していきます。会話問題が得意になるための大切な土台になるので、一つひとつしっかりとおさえていきましょう。ここで学んだ表現は第2章、第3章でも当然登場するもので、本番でも出題の可能性があるものばかりなので、確実におさえていきましょう。

- 第01問～第05問まであり、それぞれに各10題ずつ問題があるので、この第1章で計50の会話の定型問題を学習できます。第01問から第05問に進むにつれて、少しずつ難易度が上がっていきます。

第1章 英会話の定型表現をマスターする！！

第01問

問1

正解 ③

▶会話の訳

A：この授業を担当する新しい先生を紹介させてください。メアリー・ロ
バーツ先生です。

B：こんにちは、ロバーツ先生。お会いできてうれしいです。

解説

文脈から先生に対しての挨拶とわかるので、先生の呼び方を確認する。**男性にはMr. ～、女性にはMs. ～が使われる。**～には、**last name**（日本語の名字）を入れるので、③が正解。「～先生」と言いたいときに、Teacher ～とは言わないので注意する。**大学の教授は、Dr. ～やProfessor ～で、**～にlast nameを入れるので、おさえておく。

語彙 Track 01

会 Let me do ～.	私に～させて。
動 introduce	紹介する
熟 be pleased	うれしい

問2

正解 ②

▶会話と選択肢の訳

A：あなたがいくら稼いでいるかを尋ねてもいいですか？
B：あなたの知ったことではない！　お金について話すのが好きではない。
① 質問　　② やるべきこと　　③ すること　　④ 秘密

解説

　空所の前にある none of という表現から、**None of your business.**「あなたのやるべきことではない」＝「あなたの知ったことではない」が入るので、②が正解。**None of my business.** とすると「私のやるべきことではない」＝「私の知ったことではない」になるので、おさえておく。Aの発言の **Do you mind if I ～?**「もし私が～したら、あなたは気にしますか？」＝「(私が)～してもいいですか？」という許可を求める表現もおさえておく。

語彙 🎧 Track 02

会 **Do you mind if I ～?**	(私が)～してもいいですか？
動 earn	稼ぐ
会 **That's none of your business.**	あなたの知ったことではない。

問 3

正解　③

▶会話と選択肢の訳

A：もう8時だよ。私たちは、今頃はもう出発していたはずだ。私たちはそこに間に合わないだろう。
B：私たちは遅れると電話してみたら？
A：電話するよ。けど、急ごう。
① 出発したはずがない　　② 出発したかもしれない
③ 出発していたはずだ　　④ 出発していないだろう

　空所の前後の「もう8時だよ。私たちはそこに間に合わないだろう」と、空所が含まれている文の by now「今頃は」から、「今頃はもう出発していたはずだ」を意味する③が正解。ought to have p.p. は「〜すべきだったのに」か「〜したはずだ」の意味になる。

会話表現POINT❶　助動詞 + have p.p.

must have p.p.	〜したにちがいない
may have p.p.	〜したかもしれない
could have p.p.	
cannot have p.p.	〜したはずがない
could not have p.p.	
should have p.p.	〜すべきだったのに（〜したはずだ）
ought to have p.p.	
should not have p.p.	〜すべきではなかったのに（〜したはずがない）
ought not to have p.p.	

　助動詞 + have p.p. は、会話表現でも頻出なので、覚えておきましょう。特に、should have p.p.「〜すべきだったのに（〜したはずだ）」、should not have p.p.「〜すべきではなかったのに（〜したはずがない）」は要注意です。

語彙　Track 03

熟 ought to have p.p.	〜すべきだったのに（〜したはずだ）
熟 in time	間に合って
動 hurry	急ぐ

問4

正解 ③

▶会話と選択肢の訳

A：こんにちは。お手伝いしましょうか？
B：ええ、このズボンが良いんだけど、サイズが合うかわかりません。試
　　着してもいいですか。
A：もちろんです。試着室はこちらになります。

① それらを消す　　　　② それらを持ち出す
③ それらを試着する　　④ それらの電源をつける

解説

　Aの発言の**Can I help you?**は、店員が客に対して使う表現で、文脈
によって「**いらっしゃいませ。**」と訳すこともある表現。それに対してB
は「このズボンが良いが、サイズが合うかわからない。」と返答し、さら
に、店員のAの発言にthe fitting roomとあることから類推して、③**try
〜 on**「**〜を試着する**」が正解。

🐧会話表現POINT❷　衣料品店でよく使う熟語・会話表現

Can（May）I help you?	いらっしゃいませ。
I'm just looking.	見ているだけです。
May I try this on?	これを試着できますか？
fitting room	試着室
one-size-fits-all	フリーサイズの
out of stock	在庫切れ
fit	（サイズが）合う
suit	（色や服装が）似合う

　まずは、店員の最初の挨拶の「**いらっしゃいませ**」には、**Can I help you?**

のほかに、もっと丁寧な表現**May I help you?**があります。**How can I help you?** と言うこともあります。そして、「**見ているだけです。**」は **I'm just looking.** としましょう。**one-size-fits-all**は、「**1つのサイズですべての人に合う**」から、「**フリーサイズの**」を意味します。

語彙 Track 04

会 **Hi there.**	こんにちは。
会 **Can I help you?**	お手伝いしましょうか？（いらっしゃいませ。）
名 **pants**	ズボン
動 **fit**	（サイズが）合う
熟 **try ~ on**	～を試着する
会 **Sure.**	もちろん。
名 **fitting room**	試着室
熟 **this way**	こちらに

問5

正解 ①

▶会話と選択肢の訳

A：デービッドが今朝何時にオフィスに着いたか知ってる？
B：ごめん、わからない。彼に聞いてみたら。
①考え　②知識　③理由　④思考

解説

　Aに「デービッドが何時にオフィスに着いたか知ってる？」と聞かれて、Bが I'm sorry「ごめん」と言っていることから類推して、空所に①を使った **I have no idea.**「わからない」の短縮形である I've no idea. が入るとわかる。

12

会話表現POINT❸ 「わからない」を意味する表現

> I don't know. ／ I'm not sure. ／ I have no idea. ／ It beats me.

　「わからない」の英語表現には、**I don't know.** がありますが、少しぶっきらぼうな印象になるので、**I'm not sure.** とするともう少し柔らかい表現になります。さらに、**I have no idea.** とすると、「見当もつかない」、「さっぱりわからない」という意味になります。I have が省略されて、単に No idea. となることもあります。さらに、**It beats me.**「それは私を打ち負かす」＝「さっぱりわからない」があります。It が省略されて **Beats me.** となることがあるのもおさえておきましょう。

語彙 Track 05

会 I have no idea.	わからない。
会 Why don't you ~?	~してみたら？

問6

正解 ④

▶会話と選択肢の訳

A：私のバッグを運ぶのを手伝っていただけますか？
B：ええ、お手伝いしますよ。
①尋ねる　②期待する　③望む　④疑問に思う

　空所の後ろのif you would mind doing ～から、**I wonder if you would mind doing**「～していただけますか」を推測する。Aの発言「私のバッグを運ぶのを手伝っていただけますか？」に対して、Bの発言「ええ、お手伝いしますよ。」と文脈も合うので、**④が正解**と判断する。**I wonder if you would ～の～に mind** を入れて、さらに丁寧になった表現。

語彙 🎧 Track 06

会 **I wonder if you would mind doing ～.**	～していただけますか？
熟 **help A with B**	AのBを手伝う
会 **Let me do ～.**	私に～させて。
熟 **give O a hand**	Oを助ける

😃 会話表現POINT❹　依頼表現

canを使った表現	Can you ～?　/ Could you ～?
wonderを使った表現	I wonder if you could ～. I wondered if you could ～. I was wondering if you could ～.
mindを使った表現	Would you mind doing ～?

　相手に依頼する表現では、**Can you ～?**「～してくれますか」とCan you ～? を丁寧にした**Could you ～?** があります。さらに、you couldの前に**wonder if**「～かどうか疑問に思う」と丁寧にする表現を付けて、**I wonder if you could ～.** があります。**過去形、過去進行形にすると、順に丁寧な表現**になります。

　さらに、相手のYesを期待した依頼表現に、**Would you mind doing ～?**「～してもらえますか」があります。返答は、**Not at all.** や**Of course, not.**、**Certainly, not.** とすると「もちろんいいですよ。」となり、I'd rather I didn't. や、Actually, I mind. とすると、「ちょっとできません。」と断る表現になります。

問7

②

▶会話の訳

A：昨日授業のあと何した？
B：家に帰る前に1時間くらい友達とぶらぶらしたよ。

解説

Aの発言「昨日授業のあと何してた？」に対して、Bの発言「友達と～した」から、**hang out**「ぶらぶらする」を推測して、②が正解。③は hang over で「身を乗り出す」、④は hang up で「電話を切る」の意味。

語 彙　Track 07

熟 hang out	ぶらぶらする
熟 ～ or so	～かそこら

会話表現POINT❺　hangを使った熟語、会話表現

hang out	ぶらぶらする
hang around	
hang up	電話を切る
hang on	電話を切らずに待つ
Hang in there.	頑張れ。

　hangを使った熟語、会話表現です。「**ぶら下がる**」の意味から、**hang out**「**（外で）ぶらぶらする**」があります。**hang around**「**（あちこち）ぶらぶらする**」も近い意味になります。**hang up** は「**電話を切る**」で、反対の **hang on** は「**電話を切らずに待つ**」です。**Hang in there.** は「**そこにしがみつけ**」＝「**（あきらめずに）頑張れ**」という意味になります。

第1章　英会話の定型表現をマスターする!!

問8

正解　③

▶会話と選択肢の訳

A：こんにちは、自己紹介させていただきます。私はウェイナーです。
B：ウェイナーさん、お会いできてうれしいです。私の名前はジュールズ
　です。お仕事は何ですか？
A：建築士をしています。あなたは何をされていますか？

① あなたはどうですか　　　　② あなたは何をしている最中ですか
③ お仕事は何をしていますか　④ これから何をするつもりですか

解説

　空所に対するAの返答が、「建築士をしています。」となっているので、空所には**職業を尋ねる表現が入る**とわかる。③は元々**What do you do for a living?**「生計のために何をしていますか？」＝「お仕事は何をしていますか？」なので、正解。もう少しつっこんで聞くと、**What line of work are you in?**「あなたはどんな職種についているの？」と、同様に仕事を尋ねる表現になる。①はAの返答が名前を答えるものになっている必要がある。②は今この瞬間何をしているか、④はこれから何をするつもりなのかを尋ねる表現。

語彙　Track 08

名 architect	建築士
会 How about you?	あなたはどうですか？

問 9

正解 ④

▶会話と選択肢の訳

A：その建物に近づかないで、通りから離れなさい。
B：どうしたの？
A：窓の1つから煙が出ている。消防士が向かっているところだ。
① そうだったらどうなる？　　② 他の何？
③ 次は何？　　　　　　　　④ どうしたの？

解説

　Aの発言で「建物に近づかないで、通りから離れなさい。」とあり、何らかの異常が起きたと推測できるので、④**What's wrong?**「どうしたの？」が正解と判断する。What is wrong? の短縮形で「**何が悪いの？**」＝「**どうしたの？**」と**具合が悪そうな人を気づかったり、何かアクシデントがあったかを尋ねたりする表現**になる。

語 彙　Track 09

熟 stay away from	～に近づかない
名 building	建物
熟 out of	～から外に
会 What's wrong?	どうしたの？
名 smoke	煙
名 fire fighter	消防士
熟 be on one's way	向かっている

問 10

▶会話と選択肢の訳

A：その映画を観た？
B：うん、子どもの頃10回観たよ。
A：冗談でしょう？
① あなたが？　　② 全然そんなことはない。
③ 私もない。　　④ 冗談でしょう？

解説

　Bの発言で同じ映画を10回観たとあるので、驚きを表す**④が正解**と判断する。kid「子ども」を動詞で使うと「**冗談を言う**」となる。そのため**Are you kidding?**「**あなたは冗談を言っているの？**」、「冗談でしょう？」、「まさか！」という意味になる。

語彙 🎧 Track 10

名 **childhood**	子ども時代
会 **Are you kidding?**	まさか！

18

Q1 ☐	「先生」の呼び方は？	**A**	男性は Mr. 〜、女性は Ms. 〜 で〜に last name を入れる
Q2 ☐	**None of your business.** の意味は？	**A**	あなたの知ったことではない。
Q3 ☐	**ought to have p.p.** の意味は？	**A**	〜すべきだったのに（〜した はずだ）
Q4 ☐	「〜を試着する」を英語で言うと？	**A**	try 〜 on
Q5 ☐	「いらっしゃいませ」を英語で言う と？	**A**	Can（May）I help you?
Q6 ☐	**I have no idea.** の意味は？	**A**	わからない。
Q7 ☐	**I wonder if you would mind doing 〜.** の意味は？	**A**	〜していただけますか？
Q8 ☐	**hang out** の意味は？	**A**	ぶらぶらする
Q9 ☐	職業を尋ねる表現は？	**A**	What do you do (for a living) ?
Q10 ☐	**What's wrong?** の意味は何か。どん な場面で使う？	**A**	「どうしたの？」と具合が悪そ うな相手を気づかったり何か アクシデントが起きたかを尋 ねたりする
Q11 ☐	**Are you kidding?** の意味は？	**A**	冗談でしょう？

第1章 英会話の定型表現をマスターする!!

問1

| 正解 | ④ |

▶会話と選択肢の訳

A：こんにちは、ジャック。久しぶり。

B：こんにちは、マリー。ネットで最後にチャットしてからしばらく経つ
　　よね？

A：そうだね。とても忙しくて全然休めなかったよ。

① 会えてうれしかったよ。　　　　　　② 何をしているの？

③ どれくらいおしゃべりしているの？　④ 久しぶり。

解説

　空所の前後から、挨拶の場面とわかる。Bの発言「最後にチャットして
から、しばらく経つよね？」から、「久しぶり。」の意味になる④ **Long
time no see.** が正解とわかる。①は別れ際に言うことば。②は「何をし
ているの？」に対する返答がその次の文にないので、正解にはならない。
③も「どれくらいおしゃべりしているの？」に対する返答がないので、正
解にはならない。

語 彙 🎧 Track 11

会 Long time no see.	┊	久しぶり。
会 It's been a while.	┊	久しぶり。
動 chat	┊	おしゃべりをする
副 online	┊	ネットで
会 Exactly.	┊	その通り。
熟 take time off	┊	休みを取る

 会話表現POINT❻ 「久しぶり」を意味する表現

① Long time no see.

② It's been a long time. ③ It's been a while. ④ It's been ages.

「久しぶり」を意味する英語表現を紹介します。①は中国語の「久しぶり」を意味する**好久不見**という挨拶に、そのまま英単語を当てはめたものとも言われ、通常の英文法は無視されています。

②～④はすべて同じ理屈です。Itは**時のit**、**'sはここではすべてhasの短縮形**です。さらに、後ろに**since I met you last time「あなたに最後に会ってから」**が省略されています。a long time「長い間」、a while「一定の間」、ages「長年」と**すべて歳月が経過したこと**を意味します。よって、**「あなたに最後に会ってからずいぶん経ちましたね。」**＝**「久しぶり。」**になるので、おさえておきましょう。

問2

 正解　②

▶会話と選択肢の訳

A：あなたはなぜ日本語がそんなに上手なの？
B：日本のアニメに夢中だから、それを見て日本語を学んだよ。
A：それはすごいね。私も英語をもっと流暢に話したい。
B：それなら、英語と日本語で私たちの大好きなアニメについて話そうよ。
①日本人についてどう思う？
②あなたはなぜ日本語がそんなに上手なの？
③あなたはいつ日本語を勉強し始めたの？
④一緒に勉強しない？

　空所の次のBの発言で「日本のアニメに夢中だから、それを見て日本語を学んだ。」とあるので、空所で「どうやって日本語を習得したか？」が聞かれていると推測する。②の **How come SV?** は「**なぜSがVするのか？**」と理由や経緯を聞く表現。元々How did it come about that SV?「どのようにそれは生じたのか？」のdid it、about thatが省略された表現。「なぜ日本語がそんなに上手なのか？」という意味なので、②**が正解**。①はBの返答に合わない。③は時期を尋ねているので、Bの返答に合わない。④は一緒に勉強しないかと誘っているが、Bの返答に合わない。

語 彙　Track 12

会 **How come SV?**	なぜSがVするのか？
熟 **be crazy about**	～に夢中だ
会 **That's how ～.**	そのようにして～。
副 **fluently**	流暢に
形 **favorite**	大好きな

問3

正解　③

▶会話と選択肢の訳

A：どんな種類の仕事を探しているの？
B：わからない。
A：あなたは、自分は何が得意かを考えて、そこから始めるべきだよ。
①時間を取って。　　②ありがとう。
③わからない。　　④私は計算が得意だ。

解説

　Aの発言「どんな種類の仕事を探しているの？」から、Bの返答を挟んで、Aが「何が得意かを考えて、そこから始めるべきだよ。」と言っているので、Bの返答では具体的な仕事名はあげられていないと推測できる。③**I'm not sure.**「わからない」を入れると、それに対するAの返答が合うので、③が正解。P. 13の 会話表現POINT❸で紹介した「わからない」を**意味する表現**を再度おさえておく。

語　彙 🎧 Track 13

会 What kind of ～?	┆	どんな種類の～？
会 I'm not sure.	┆	わからない。
熟 be good at	┆	～が得意だ
熟 take time	┆	時間を取る
会 It's kind of you.	┆	ありがとう。
動 calculate	┆	計算する

問4

正解　③

▶会話と選択肢の訳

A：経営者の新しい計画をどう思う、ポール？
B：ここだけの話、うまくいくとは思えないな。
①土壇場で　　　　②同時に
③ここだけの話　　④一方で

語 彙 Track 14

名 **manager**		経営者
熟 **between you and me**		ここだけの話
熟 **at the last minute**		土壇場で
熟 **at the same time**		同時に
熟 **on the other hand**		一方で

問5

▶会話と選択肢の訳

> **A**：その重い荷物、大変そうだね。運ぶのを手伝おうか？
> **B**：ええ、お願いします。ありがとうございます。
> ①あなたを助ける　　　　②それを提出する
> ③あなたを引き渡す　　　④あなたを手助けして乗せる

 **会話表現POINT❼** **giveの第4文型で頻出の会話表現**

give O a hand give O a try	「Oを助ける」 「試しにOをやってみる」
give O a ride give O a ring（call）	「Oを車に乗せる」 「Oに電話をかける」
give O a second	「Oにちょっと時間を与える」

第1章 英会話の定型表現をマスターする!!

give O a handは左ページの解説で紹介した通り、「**Oを助ける**」になります。give O a tryは、「Oに挑戦を与える」＝「試しにOをやってみる」となります。例えば、**give it a try**として「**試しに（それを）やってみる**」のように使います。

続いて、**give O a ride**は「Oに乗車を与える」＝「**Oを車に乗せる**」になります。**give O a ring（call）**は、「Oにリン（電話の呼び鈴）を与える」＝「**Oに電話をかける**」です。最後が、**give O a second**で、「Oにちょっと時間を与える」です。例えば、**Give me a second.**とすると「私にちょっと時間を与えて。」＝「**ちょっと待って。**」のように使います。

語 彙   Track 15

熟 look like	〜のように見える
動 struggle	苦闘する
形 heavy	重い
熟 give O a hand	Oを助ける
動 appreciate	感謝する
熟 hand in	提出する
熟 hand over	引き渡す

問6

正解 ①

▶**会話と選択肢の訳**

A：あなたの援助すべてに大変感謝します。
B：どういたしまして。お手伝い出来てうれしかったです。
①〜に言及する　②〜と言う　③話す　④〜について話す

解説

　Thank you. に対する返答は、**Don't mention it.**「どういたしまして。」が正しいので、①が正解。mentionは「言及する」の意味で、「**それ（Thank you）に関しては言わなくてもいいよ。**」＝「どういたしまして。」の意味になる。日本語の「礼には及ばない」に近い発想の表現。

会話表現POINT❽　**Thank you. に対する返答**

Don't mention it. ／ You're welcome. ／ (It's) My pleasure.
No problem. ／ Not at all. ／ Sure.

　英語でThank you. の返答に使う「**どういたしまして**」は、非常に多くあります。上の表の中でも、**You're welcome.** が一番フォーマルです。「**あなたの感謝を喜んでお受けします。**」＝「どういたしまして。」といった感じです。続いて、**(It's) My pleasure.** は「**あなたの感謝は私の喜びです。**」＝「どういたしまして。」といった感じです。

　わりとカジュアルな表現が、**No problem.**「**心配ご無用。**」、**Not at all.**「**気にしなくていいよ。**」といった感じです。他にも、**Sure.**「**了解。**」と気楽に使う「**どういたしまして**」があります。

語彙　Track 16

熟 thank A for B	AにBで感謝する
名 assistance	援助
会 Don't mention it.	どういたしまして。
熟 be delighted to do	〜してうれしい

26

問7

正解 ④

▶会話と選択肢の訳

A：明日の夜外出しない？
B：状況次第だね。
A：何次第なの？
B：どこに行くか次第だよ。うるさい場所が好きじゃないんだ。
①うん、その通りだよ。
②いや、しない。けど、1つ手に入れるかもしれない。
③ねえ、それはすごく良いアイデアだよ。行こう！
④状況次第だ。

解説

　空所の次のAの返答がOn what?となっているので、④の元々の表現が
わかれば、正解に行きつく。元々**It depends on（the）circumstances.**
「**それは状況次第だ。**」＝「時と場合による。」なので、このonを受けて、
AはOn what?「何次第なの？」と言っていると考えられる。さらにそれ
に対するBの返答のOn where we go.「どこに行くか次第だ。」とつなが
るので、**④が正解。**

語彙

会 It depends.	状況次第だ。
形 noisy	うるさい
会 That's right.	その通り。

問8

正解 ②

▶会話と選択肢の訳

A：すみません、この門の前で私たちの写真を撮っていただけますか？
B：ええ、いいですよ。はい、チーズ！
① 痛みがない　　② ええ、いいですよ
③ 質問はない　　④ ありえない

解説

「写真を撮っていただけますか？」と聞かれて、空所を挟んで、Say cheese!「はい、チーズ！」と言っているので、承諾する②が正解。**No problem.** は、「どういたしまして。」のほか**「問題ない。」**＝**「ええ、いいですよ。」**と快諾するときに使えるので、おさえておく。

会話表現POINT❾　Would you mind doing 〜? に対する返答

　Would you mind doing 〜?「〜していただけますか？」は、**相手がおそらく承諾してくれる文脈で**用います。よって、**「もちろんいいよ。」**に相当する**Not at all.** や**Of course not.** という返答が多くなります。上の問題のように、No problem.「問題ない。」もあります。例外として、「いいえ、お断りします。」のようなときは、Yes, I do, sorry. のように返答するとよいでしょう。

語彙　Track 18

会 Would you mind doing 〜?	〜していただけますか？
熟 in front of	〜の前で
会 No problem.	ええ、いいですよ。
会 No way.	ありえない。

問9

正解　③

▶会話と選択肢の訳

X：雨が止むまで、ここに一緒にいましょう。
Y：ええ、待ちましょう。
①私たちはなぜ　　　　　②〜はどうですか
③一緒に〜しましょう　　④あなたはどうやって〜したいですか

解説

　空所の後ろの「雨が止むまでここにいる」という情報に対して、Yは「待ちましょう。」と言っているので、空所には**何かに勧誘する表現**が入るとわかる。**Why don't we 〜?** は「**なぜ私たちは〜しないの？**」＝「**一緒に〜しませんか**」という**勧誘表現**なので、③が正解。なお、**Why don't you 〜?**「**〜してはどうですか？**」は、why don'tのあとがyouになっているので、**相手への提案表現**になることをおさえておく。②のHow about にも提案の意味があるが、空所の後ろがstayなので正解にはならない。How about doing？「〜してはどうですか？」の形で使う。

語彙 Track 19

会 **Why don't we 〜?**	（一緒に）〜しませんか？
会 **How about 〜?**	〜はどうですか？

29

問 10

▶会話と選択肢の訳

A：すみません、市役所がどこか教えていただけますか？
B：ごめんなさい、わかりません。残念ながら、ここら辺の人間ではないんです。

①恐れる　　②怖い　　③後悔して　　④悩んで

解説

　場所を聞かれて、「ごめんなさい、わかりません。」と断っていることに着目する。さらに、空所の後ろには「ここら辺の人間ではない」と、この文脈ではマイナスの情報を提示しているので、**I'm afraid ～.**「残念ながら～。」となる①が正解。be afraid ofは「～を恐れる」だが、**I'm afraid (that) ～.** とすると、「残念ながら～。」という**マイナス情報の先出しの表現**になることをおさえておこう。

語彙　Track 20

名 city hall		市役所
会 I'm afraid ～.		残念ながら～。
形 fearful		怖い
形 regretful		後悔して
動 be troubled		悩む

Q 1 ☐	「久しぶり」を示す表現を2つあげなさい。	**A** Long time no see. It's been a long time. It's been a while. It's been ages. から2つ
Q 2 ☐	**Exactly.** の意味は？	**A** その通り。
Q 3 ☐	**How come SV?** の意味は？	**A** なぜSがVするのか？
Q 4 ☐	**I'm not sure.** の意味は？	**A** わからない。
Q 5 ☐	**It's kind of you.** の意味は？	**A** ありがとう。
Q 6 ☐	**between you and me** の意味は？	**A** ここだけの話
Q 7 ☐	**give O a hand** の意味は？	**A** Oを助ける
Q 8 ☐	**Thank you.** の返答を3つあげなさい。	**A** You're welcome. Sure. Don't mention it. No problem. It's my pleasure. Not at all. から3つ。
Q 9 ☐	**Would you mind doing ～?** の意味は？	**A** ～してくれますか？
Q 10 ☐	上の表現の返答の仕方は？	**A** 承諾する際にはNot at all. やOf course not. のように否定表現を使う。
Q 11 ☐	**Why don't we ～?** の意味は？	**A** 一緒に～しませんか？（勧誘表現）
Q 12 ☐	**Why don't you ～?** の意味は？	**A** ～してはどうですか？（提案表現）
Q 13 ☐	**I'm afraid ～.** の意味と特徴は？	**A** 残念ながら～。 ～にはマイナス表現が来る

問1

正解 ③

▶会話と選択肢の訳

A：先週私が入院していたとき、お見舞いに来てくれてどうもありがとう。
B：いえいえ。どういたしまして。
①感謝 ②喜び ③喜び ④感謝

解説

　Thank you. に対する返答なので、**It was my pleasure.**「どういたしまして。」となる③**が正解**。他の選択肢も近い意味があるが、「どういたしまして」の表現では使わない。P. 26で紹介した **会話表現POINT❽** の他の表現もおさえておく。

語彙 Track 21

名 hospital	病院
会 Not at all.	まったく何でもない。
会 It is my pleasure.	どういたしまして。

問2

正解 ②

▶会話と選択肢の訳

A：それだけ長い間不在にした後に、祖国に戻って、あなたはどういう心境でしたか？

B：最高に幸せだった。

① 幸せな　　② より幸せな　　③ 最も幸せな　　④ 最も幸せな

解説

　空所の前にあるcouldn'tから、**couldn't ＋ 比較級** の最上級相当表現を推測する。「**これ以上幸せにはなれなかった**」＝「**最高に幸せだった**」となる。「長い間不在にした後に、祖国に帰ってどういう心境だった？」→「最高に幸せだった」と文脈も合うので、②が正解と判断する。①は「幸せであったはずがない」、③、④は「最も幸せだったはずがない」と文脈に合わない。

会話表現POINT⑩　couldn't ＋ 比較級の表現

　couldn't ＋ 比較級 の表現は最上級相当表現になります。**It couldn't be better.** は、「今より良いのはありえない」＝「最高だ」で、**It couldn't have been better.** は「あの時より良いのはあり得ない」＝「（あの時）**最高だった**」となります。類似の表現に、**I couldn't agree more.**「これ以上賛成できない」＝「大賛成だ」があるので、おさえておきましょう。

語彙　Track 22

名 native country	祖国
名 absence	不在
会 I couldn't have been happier.	最高に幸せだった。

第1章　英会話の定型表現をマスターする!!

問3

▶会話と選択肢の訳

A：もうベッドは整えた？ ウィリアム。
B：ごめん、ママ！ 今やるよ。
①与えた ②作った ③供給した ④探し求めた

解説

　空所の後ろのbedと選択肢から、**make one's bed**「**ベッドを整える**」を推測して、②**が正解**。他の選択肢はBの返答の「今やるよ。」に合わない。

語彙　Track 23

熟 make one's bed	ベッドを整える
動 provide	供給する
動 seek	探し求める

問4

正解 ④

▶会話と選択肢の訳

A：私は、イタリア料理が世界で最高だと本当に思う。
B：その点では私は完全に同意します。それは素晴らしいですよね。
①反対して ②〜の間で ③〜に加えて ④同意して

解説

　Aの発言「イタリア料理が世界で最高だと本当に思う。」に対して、Bの空所の後ろで「それは素晴らしいですよね。」とあるので、BはAの意見に同意しているとわかる。**前置詞のwithやfor**には、「**～に同意している**」という意味があるので、**④が正解。withは後ろに賛成する人**を置いて、**forは後ろに賛成するものや意見**などを置きます。①の**againstは反対を意味する**ので、おさえておきましょう。

語彙 🎧 Track 24

副 completely	完全に
熟 be with ～	～に同意する
熟 be against ～	～に反対する
前 amongst	～の間で
前 besides	～に加えて

問5

正解　①

▶会話と選択肢の訳

A：(電話口で) どちら様でしょうか？

B：こちらはスミスです。クーパーさんをお願いできますか？

A：今おつなぎいたします。電話を切らずにお待ちください。まもなく彼に代わります。

①今おつなぎします。　　②私です。

③私が彼です。　　　　　④伝言を承りましょうか？

　空所の前のBの「クーパーさんをお願いできますか？」という問いに対する返答であることを意識する。空所の後ろで**He'll be right with you.**「まもなく彼に代わります。」とあることから、「クーパーさんに電話をつなぐ」を意味する①**I'll put you through now.**「今おつなぎします。」が正解とわかる。他の選択肢は、後ろにある「まもなく彼に代わる」という表現につながらない。

会話表現POINT⑪　電話で使う英語表現

Who's calling?	（電話口で）どちら様ですか？
put 〜 through	（電話を）〜につなぐ
Please hold on.	電話を切らずにお待ちください。
May I speak to 〜?	〜さんをお願いできますか。
How can I help you?	ご用件は何でしょうか？
You have the wrong number.	番号をお間違えです。
The line is busy.	話し中です。
May I take your message?	伝言を承りましょうか？

　Who's calling?から**May I speak to 〜?**までは、問題に登場した表現で、いずれも頻出なのでおさえておきましょう。**How can I help you?**は、接客の場面でも使う表現で、「どのようにお手伝いできますか？」＝「ご用件は何でしょうか？」になります。**You have the wrong number.**は「あなたは間違った番号を持っている。」＝「番号をお間違えです。」になります。

　The line is busy.は「電話回線が込み合っている。」＝「話し中です。」になります。lineは、電話回線を意味し、**He is on another line.**とすると、「彼は他の電話に出ている。」という意味になります。**May I take a message?**は、呼び出している相手が電話に出られない文脈で、「伝言を受け取ってもいいですか？」＝「伝言を承りましょうか？」になります。

語 彙  Track 25

会 Who's calling?	（電話口で）どちら様ですか？
熟 put ～ through	（電話を）～につなぐ
熟 hold on	電話を切らずに待つ
会 S will be right with you.	Sはまもなくまいります。

問6

正解 ④

▶会話と選択肢の訳

A：ここは、とても、とても暑い。
B：どうりでとても暑く感じる。ヒーターがパワー全開だ！
①本当に　②理由　③方法　④疑問

> **解説**
>
> 空所が含まれている文の次で、「ヒーターがパワー全開だ！」とあるので、**No wonder ～.**「どうりで～だ」になる④が正解。**No wonder ～.**「～は何も不思議なことではない」＝「どうりで～」の意味になる。

語 彙 Track 26

会 No wonder ～.	どうりで～。
熟 on full	パワー全開で

問7

正解 ③

A：私と会う時間を取ってくれてありがとう。これ以上お引き留めしません。

B：心配しないで。最近そんなに忙しくないんだ。もし問題があったら、また会いに来て。

① 持っている　　② 聞こえる　　③ 留める　　④ 会う

解説

　空所の前のAの発言「私と会う時間を取ってくれてありがとう。」と、Bの発言の2文目「もし問題があったら、また会いに来て。」から、別れ際の場面と類推する。よって、③を入れて、**I won't keep you any longer.**「これ以上お引き留めしません。」が正解。

語彙　Track 27

会 **I won't keep you any longer.**	これ以上引き留めません。
会 **Don't worry.**	心配しないで。
熟 **these days**	最近

問8

正解　①

▶会話と選択肢の訳

A：次の交差点で右に曲がって、そのあとまず左に曲がって、信号のところでまた左に曲がらなくてはなりません。

B：ごめんなさい、あなたの言っていることがわかりません。もう一度お願いできますか？

① 理解する　　② 受け取る　　③ 受け取る　　④ 見る

　Aは道を教えているが、Bの発言「ごめんなさい、あなたの言っていることが（　　）。もう一度お願いできますか？」から、空所には**「わからない」**を意味する表現が入ると推測する。didn'tの後ろなので、① **catch**「**理解する**」が**正解**と判断する。

語彙 🎧 Track 28

動 turn		曲がる
名 intersection		交差点
名 traffic light		信号
動 **catch**		**理解する**
動 repeat		繰り返す

問9

正解　④

▶会話と選択肢の訳

A：ジェイク、最近どうしてた？
B：ああ、まあ何とかやっているよ。
①下に　　②行った　　③休みで　　④上に

解説

　空所の前後のwhat have you been、to latelyから、**What have you been up to lately?**「**最近どうしてた？**」を予測して、④が**正解**。現在完了が使われて、**up to**「**～して**」と合わさるので、「**あなたは最近まで何をしていた？**」＝「**最近どうしてた？**」と**近況を尋ねる表現**になる。

会 What have you been up to (lately)?	（最近）どうしてた？
熟 get by	何とかやる

問 10

正解 ①

▶会話と選択肢の訳

A：これは信じられない！　今までもらった中で最高のプレゼントだ。
B：本当に？　冗談でしょう？
A：いいや！　私は本気だ！
① 本当に？　冗談でしょう？
② どうして？　何が言いたいんだ？
③ おい！　あなたは私を信頼すべきだ。
④ おめでとう！

> **解 説**
>
> 　空所の後ろのAの発言がNo! **I mean it.**「いいや！　私は本気だ！」となるので、「冗談でしょう？」という意味になる表現が空所に入ると推測して、①が正解になる。他の選択肢では、後ろの「いいや！　私は本気だ！」につながらない。

語 彙 🎧 Track 30

会 You are joking.	冗談でしょう。
会 I mean it.	本気だよ。
会 How come?	なぜ？
会 Come on!	おい！
会 Congratulations!	おめでとう！

Q 1 ☐	It is my pleasure. の意味は？	A どういたしまして。
Q 2 ☐	I couldn't have been happier. の意味は？	A 最高に幸せだった。
Q 3 ☐	make one's bed の意味は？	A ベッドを整える
Q 4 ☐	be with と be against の意味は？	A 〜に同意する、〜に反対する
Q 5 ☐	Who's calling? の意味は？どんな場面で使う？	A （電話口で）どちら様ですか？
Q 6 ☐	put O through の意味は？	A （電話で）Oにつなぐ
Q 7 ☐	hold on の意味は？	A 電話を切らずに待つ
Q 8 ☐	S will be right with you. の意味は？	A Sはまもなくまいります。
Q 9 ☐	No wonder 〜. の意味は？	A どうりで〜。
Q 10 ☐	I won't keep you any longer. の意味は？	A これ以上引き留めません。
Q 11 ☐	I didn't catch what you said. の意味は？	A 私はあなたの言ったことがわからなかった。
Q 12 ☐	What have you been up to lately? の意味は？	A 最近どうしてた？
Q 13 ☐	I've been getting by. の意味は？	A 何とかやっているよ。
Q 14 ☐	I mean it. の意味は？	A 本気だ。

第1章 英会話の定型表現をマスターする!!

第 **04** 問

問 1

| 正解 | ① |

▶会話と選択肢の訳

友人同士で

ダイアナ：あなたは私の弟のエドワードに会ったことがある？　彼はあな
　　　　　たのことを知っているみたいだよ。

アリス　：いいえ、私は彼に以前会ったことはないと思う。

ダイアナ：それは変よ。エドワードは、私に最近パーティーであなたと話
　　　　　したと言っていたよ。

アリス　：私はそうは思わないわ。彼はおそらく私を他の誰かと間違えて
　　　　　いるのよ。

① それは変だなあ。　　　　② なんてことをしたんだ。

③ あなたの言うとおりだよ。　④ それだけですか？

> **解説**
>
> 　ダイアナに第1発言で「エドワードに会ったことがある？」と聞かれ
> て、アリスが第1発言で「彼に以前会ったことがあるとは思わないわ。」
> と返していることを確認する。空所の後ろで、「エドワードは、私に最近
> パーティーであなたと話したと言っていたよ。」とあるので、**おかしいな
> あと首をかしげるときに使う**①**That's odd.**「**それは変だなあ。**」が正解
> と判断する。他の選択肢は、文脈に合わない。

語彙 🎧 Track 31

熟 seem to do	～するように思える
会 **That's odd.**	**それは変だ。**
副 recently	最近
副 probably	おそらく
熟 mistake A for B	AをBと間違える

問2

正解 ④

▶会話と選択肢の訳

近況報告
キアヌ　　　：やあ、アレックス。本当に久しぶり。調子はどう？
アレックス：いい調子だよ。君はどう？　どうしてた？
キアヌ　　　：まあ、ご存じの通り。常におかしなことが起きているね。
アレックス：そんなことだろうと思った。君はいつも忙しいやつだもんね。
①遅くてもやらないよりまし。　　　②全く問題ない。
③まあ、物事はそういうものだよ。　④まあ、ご存じの通り。

> **解説**
>
> 　空所の前にアレックスの「どうしてた？」という問いかけがあり、空所の後ろには「常におかしなことが起きているね。」というキアヌの返答があることを確認する。さらに、アレックスが「君はいつも忙しいやつだもんね。」とあることから、キアヌが忙しいとアレックスはわかっていることを表す④**Oh, you know me.**「まあ、ご存じの通り。」が正解。他の選択肢は、上記の文脈には合わない。

語 彙 Track 32

会 It's (=It has) been ages.	久しぶり。
副 absolutely	絶対的に
会 How's (=How is) it going?	調子はどう？
会 How about you?	あなたはどう？
会 What've (=What have) you been up to?	どうしてた？
会 You know me.	ご存じの通り。
形 crazy	おかしな
熟 go on	起こる

会 That figures.	そんなことだろうと思った。
名 guy	(〜な) やつ
会 Better late than never.	遅くてもしないよりまし。
会 That's（=That is）how it goes.	物事はそういうものだ。

問3

正解 ③

▶会話と選択肢の訳

ジェーン：メアリー、大学での新しい生活はどう？
メアリー：いい感じだけど、慣れるのに時間が必要かな。
ジェーン：心配しないで。きっと慣れてくるよ。
メアリー：励ましてくれてありがとう。最善を尽くすよ。

① あなたは笑いをこらえるだろう　　② あなたは手先が器用だ
③ あなたは慣れるだろう　　④ あなたは熱心に聞いている

解説

　ジェーンとメアリーの最初のやり取り「大学での新しい生活はどう？」→「慣れるのに時間が必要かな。」を確認する。ジェーンの空所を挟んで、メアリーが「励ましてくれてありがとう。」と言っているので、**この文脈で励ましの内容になる③が正解。find one's feet**は「慣れる」の意味。②は、手先の器用さの問題ではない。①、④は励ましの内容にならない。

語彙 🎧 Track 33

会 How is S going?	Sはどのような感じ？
熟 get used to	〜に慣れる
会 I bet 〜.	きっと〜だ。
熟 find one's feet	慣れる

動 encourage	励ます
熟 do one's best	最善を尽くす
熟 keep a straight face	笑いをこらえる
熟 be good with one's hands	手先が器用だ
熟 be all ears	熱心に聞いている

問 4

正解 ③

▶会話と選択肢の訳

A：先週休みだったよね。病気だったの？
B：ええ、ひどい風邪をひいちゃったけど、今は回復したよ。
①より良い　　②終えた　　③克服して　　④回復した

解説

　空所の前で「ひどい風邪をひいちゃったけど、…」と**逆接がある**ので、「今は治った」という文脈を推測する。**over**「**（病気などを）克服して**」の意味の**③が正解**。④はrecover from「～から回復する」と自動詞の形で使う。①はbetterという形容詞の後ろに代名詞のitを置くことができない。betterを副詞としても、I'm better itとはならない。②は文脈に合わない。

問5

正解　①

▶会話と選択肢の訳

A：あなたが家にいてくれてとてもうれしい。一か八かあなたの元に立ち
　　寄ってみようと思って。
B：会えてとてもうれしいよ。タイミングが完璧だよ。ちょうど家に着い
　　たところなんだ！
①機会　　②機会　　③可能性　　④可能性

解説

　Bの発言で「タイミングが完璧だよ。ちょうど家に着いたところなん
だ！」とあるので、**確かな約束をせずに、AがBの元を訪ねた**と推測す
る。そこから、「**一か八かやる**」の意味になる**take a chance**とするため
に、**①を選ぶのが正解**。他の選択肢も「機会」や「可能性」の意味がある
が、takeの後ろに置いて上記の意味にはならない。

語彙 🎧 Track 34

熟 take a chance	┊	一か八かやる
熟 stop by	┊	立ち寄る

問 6

正解 ①

▶会話と選択肢の訳

A：すごい仕事の面接が決まった。すごく望んでいたことだけど、見込みがあるとは思わない。

B：ええと、このことわざを知っているよね。「挑まなければ何も得られない。（虎穴に入らずんば虎児を得ず）」

①機会　②リスク　③成功　④勝利

解説

　Aの発言で「すごい仕事の面接が決まった。すごく望んでいたことだけど、〜とは思わない。」のbut【逆接】に着目する。望んでいたというプラスの内容に対して、マイナスの情報が予測できるので、「見込みがあるとは思わない」という内容になる①が正解。**stand a chance**「見込みがある」という意味。

語彙 🎧 Track 35

名 interview	面接
熟 stand a chance	見込みがある
動 venture	危険にさらす
動 gain	得る
会 Nothing ventured, nothing gained.	挑まなければ得るものなし。（虎穴に入らずんば虎児を得ず）

問7

▶会話と選択肢の訳

デブラ：マークが先月カナダで泊まったホテルの名前は何？
テリー：パシフィック？
デブラ：いいえ、それではなかった。うーん、口から出かかっている。
① あなたの言葉を信じて。　② あなたの答えは的を射ている。
③ 口から出かかっている。　④ それを再考してはいけない。

> **解説**
>
> 　デブラが尋ねたホテル名に対して、テリーの返答が違うとデブラが第2発言で述べていることを確認する。Umm...と粘る様子からも、**言葉が出かかっている**ことを意味する③が正解。**on the tip of one's tongue**「（言葉が）舌の先に接触して」＝「（言葉が）出かかって」の意味になるので、おさえておく。

語彙

熟 take one's word for it	:	～の言葉を信じる
熟 be to the point	:	的を射ている
熟 on the tip of one's tongue	:	（言葉が）口から出かかって
熟 give O another thought	:	Oを再考する

問8

▶会話と選択肢の訳

ケン　　：心配そうだね。どうしたの？
メアリー：私の上司が来週退職予定なの。彼女なしでプロジェクトをやり
　　　　　遂げられるかどうかがわからないよ。
ケン　　：心配しないで。あなたなら彼女の代わりができるよ。
メアリー：優しい言葉をありがとう。とにかく、ベストを尽くすよ。
① あなたはその計画に本腰入れて取り掛かるだろう。
② あなたは彼女の代わりができる。
③ 彼女はあなたの癇に障るだろう。
④ 彼女は自分を満たすことができる。

解説

　メアリーの第1発言で「上司が来週退職予定で、彼女なしでプロジェクトをやり遂げられるかどうかがわからない。」と不安になっている様子をつかむ。それに対して、ケンが「心配しないで。」と声をかけているので、それと矛盾しない**fill one's shoes**「〜の代わりをする」を使った②が正解。他の選択肢は、上記の文脈に合わない。他にも、**in one's shoes**「〜の立場に立って」から、**put oneself in one's shoes**「〜の立場に立って考える」という熟語をおさえておく。

語彙 Track 37

形 anxious	心配して
会 What's（=What is）the matter?	どうしたの？
名 boss	上司
動 retire	退職する
熟 fill one's shoes	〜の代わりをする
副 anyway	とにかく
熟 get down to	〜に本腰を入れて取り掛かる
熟 get on one's nerves	〜の癇に障る

問9

▶会話と選択肢の訳

ボブ　　：アイスクリーム食べる？
キャシー：チョコレートアイスを食べているの？　あなたはダイエットしなければいけないのに。
ボブ　　：誰にも言わないで。これはいけないとわかっているけどやめられないんだ。
キャシー：なら、甘いものを我慢する代わりに、毎日運動してみたら？
①私は誘惑を我慢できる
②あなたは全体像を忘れなければいけない
③これはいけないとわかっていてもやめられない
④習うより慣れろだと私は思うよ

解説

　キャシーの第1発言で「チョコレートアイスを食べているの？　あなたはダイエットしなければいけないのに。」とあり、ボブが「誰にも言わないで。」と返答していることを確認する。さらに、キャシーの第2発言から、**ボブは甘いものを我慢できない**ことを読み取る。そこから、**guilty pleasure**「いけないとわかっていてもやってしまうもの」が含まれる③が正解。**guilty**「罪悪感のある」＋ **pleasure**「喜び」で「罪悪感のある喜び」＝「いけないとわかっていてもやってしまうもの」という意味になるので、おさえておく。

語彙 　Track 38

熟 be supposed to do	～しなければならない
熟 be on a diet	ダイエット中だ
名 guilty pleasure	いけないとわかっていてもやってしまうもの
動 exercise	運動する

熟 B rather than A	AというよりむしろB
動 resist	我慢する
熟 put up with	我慢する
名 temptation	誘惑
形 overall	全体の
名 picture	像
会 Practice makes perfect.	習うより慣れよ。

問10

正解　①

▶会話と選択肢の訳

A：何が起きたの？　とても不安そうに見えるよ。
B：ええと、数学がまた落第しちゃったの。
A：元気出して。明日は明日の風が吹く。
①元気出して。　②私も落ちなかったよ。
③おめでとう。　④医者に診てもらうべきだ。

解説

　Bの発言に「数学がまた落第しちゃったの。」とあることを確認して、空所の後ろでTomorrow is another day.「明日は明日の風が吹く。」と励ましているので、Come on.「元気出して」の意味がある①が正解。他の選択肢は、上記の文脈に合わない。

 会話表現POINT⑫　Come on!の複数の意味

①励まして「元気出せよ！」／②ツッコミで「おいおい」
③おねだりして「お願い！」

Come on!「こっちに来い！」が元になって、①は落ち込んで沈んでいるときに「こっちに来い！」＝「**元気出せよ！**」になります。②は相手がボケたり、意に反する返答をしたりしたときに「こっちに来い！」＝「**おいおい（正気になれよ）！」**」と使われます。③は相手がこちらの言うことを聞いてくれずに自分から離れているときに「こっちに来い！」＝「**お願い！**」と使うことをおさえておきましょう。

語 彙　Track 39

会 What happened?	どうしたの？
形 nervous	不安な
名 mathematics	数学
会 Come on.	元気出して。
会 Tomorrow is another day.	明日は明日の風が吹く。
熟 see a doctor	医者に診てもらう

Q 1 ☐	That's odd. の意味は？	A それは変だ。
Q 2 ☐	How's it going? の意味は？	A 調子はどう？
Q 3 ☐	What've you been up to? の意味は？	A どうしてた？
Q 4 ☐	You know me. の意味は？	A ご存じの通り。
Q 5 ☐	That figures. の意味は？	A そんなことだろうと思った。
Q 6 ☐	That's how it goes. の意味は？	A 物事はそういうものだ。
Q 7 ☐	How is S going? の意味は？	A Sはどのような感じ？
Q 8 ☐	I bet ～. の意味は？	A きっと～だ。
Q 9 ☐	find one's feet の意味は？	A 慣れる
Q 10 ☐	keep a straight face の意味は？	A 笑いをこらえる
Q 11 ☐	be all ears の意味は？	A 熱心に聞いている
Q 12 ☐	take a chance の意味は？	A 一か八かにかける
Q 13 ☐	stand a chance の意味は？	A 見込みがある
Q 14 ☐	Nothing ventured, nothing gained. の意味は？	A 挑まなければ得るものなし（虎穴に入らずんば虎児を得ず）。
Q 15 ☐	take one's word for it の意味は？	A ～の言葉を信じる
Q 16 ☐	be to the point の意味は？	A 的を射ている
Q 17 ☐	on the tip of one's tongue の意味は？	A （言葉が）口から出かかって
Q 18 ☐	fill one's shoes の意味は？	A ～の代わりをする

問1

正解 ①

▶会話と選択肢の訳

A：何を見ているの？

B：映画だよ。ちょうど始まったばかりなんだ。私と一緒に見ない？

A：映画の題名は何？

B：『過去の追憶』という題名だよ。

A：聞いたことがないなあ。

B：本当？　それは本当に良いと数人から聞いたよ。

A：それはドラマなの？

B：いいえ。ホラー映画だよ。本当に怖いはずだ。

A：それなら、私は遠慮しておくよ。ホラー映画を見た後、ほぼいつも悪夢を見るの。

B：本当？　私は全く影響受けないけど。

A：まあ、とにかく映画を楽しんで。私は寝室で横になって、音楽を聴くよ。終わったら教えて、そうしたら戻って来るよ。

①私は遠慮しておこうかな

②もしよければ、あなたに加わるよ

③この騒ぎはいったい何なのかを確認する必要がある

④怖くない箇所だけ見るよ

解説

　空所の後ろの「ホラー映画を見た後、ほぼいつも悪夢を見るの。」が、空所に対する理由と推測する。「私は遠慮しておくよ。」に当たる①が正解。**pass on**「**遠慮する**」をおさえておく。pass「パスする」＝「見送る」、「遠慮する」となった表現。②、③は上記の文脈に合わない。④の「怖くない箇所だけ見るよ。」は、Aの最終発言の「寝室で横になって、音楽を聴くよ。」に反する。

語彙

熟 come on	（番組などが）始まる
名 reminder	思い出させるもの
形 scary	怖い
会 I'll （= I will） pass on it.	私は遠慮しておくよ。
名 nightmare	悪夢
動 affect	影響する
熟 lie down	横になる
名 bedroom	寝室
副 over	終わって
熟 what all the fuss is about	この騒ぎはいったい何なのか
形 frightening	怖い

問2

正解 ②

▶会話の訳

A：そのレポートに一日中取り組んでいるね。それの進み具合はどう？
B：今のところ順調だよ。あとは結びを書くだけで終わりだよ。

　Aの発言 **How's it coming along?** 「それ（レポート）の進み具合はどう？」に対して、Bの発言 So （　） so good. とあるので、**so far so good** 「今のところとても良い」を推測して、②が正解。**How's it coming along?** は、itが相手の作業を指して、**come along** が「（物事が）進む」の意味なので、「～の進み具合はどう？」という意味になる。**so far so good** は、so far「今までのところ」、so good「とても良い」から成る表現。

語彙 🎧 Track 41

熟	work on		取り組む
名	essay		レポート
会	How's it coming along?		それの進み具合はどう？
熟	so far so good		今までのところとても良い
熟	have got to do		～しなければならない
名	conclusion		結び
会	I'm done.		終わった。

問3

正解 ④

▶会話と選択肢の訳

A：昨晩ビルと電話で話した？
B：電話をかけてみたけど、話し中で通じなかった。
① 乗り込む　　② 乗る
③ 克服する　　④（電話が）通じる

解説

Aに「昨晩ビルと電話で話した？」と聞かれて、Bが「電話をかけてみたけど、話し中で**通じなかった**」と文脈を読んで、④**get through**「（電話が）**通じる**」を選ぶ。P. 36の 🔊会話表現POINT⑪ で紹介した**The line was busy.**「話し中だった。」もおさえておく。他の選択肢は、文脈に合わない。

語 彙

会 **The line is busy.**	（電話が）話し中だ。
熟 **get through**	（電話が）通じる
熟 **get over**	克服する

問4

正解 ④

▶会話と選択肢の訳

A：この新しい仕事を受けるべきか、古い仕事を続けるべきかなあ。
B：ええと、そこでは不満なら、変化のときじゃないかなあ。
① 〜を意味する　　　② 〜のそばにいる
③ こっそり立ち去る　④ 〜を続ける

> **解説**
>
> Aの発言のorに着目して、「この新しい仕事を受ける」と二者択一の「古い仕事を続ける」という意味を作る選択肢を探す。④**stick with**は「同じものを変えずに続ける」の意味があるので、正解になる。**Stick with it.** とすると、「続けて頑張れ！」という意味になる。他の選択肢は文脈に合わない。

語 彙

熟 **stick with**	〜を続ける
熟 **stand for**	〜を意味する
熟 **stay by**	〜のそばにいる
熟 **slip away**	こっそり立ち去る

問5

正解　④

▶会話と選択肢の訳

A：私はその旅行に本当に行きたいが、お金の余裕がない。
B：それは残念だね。親にお金を貸してもらえないの？
①援助　　②間違い　　③安心　　④残念なこと

> **解説**
>
> 　Aの発言「私はその旅行に本当に行きたいが、お金の余裕がない。」を受けてBが発言しているので、④を使った **That's a shame.** 「残念だ。」が正解になる。**I'm sorry to hear that.** 「**それを聞いて残念だ。**」と同じ意味。shameは「恥」の意味もあるが、That's a shame. では「残念なこと」の意味で使われていることに注意する。他の選択肢ではAの発言への返答にならない。

語彙　🎧 Track 44

動 afford	買う余裕がある
会 That's a shame.	（それは）残念だ。
熟 get O to do	Oに〜させる

問6

正解　④

▶会 話 と 選 択 肢 の 訳

A：ジャック、仕事終わりにどこかへ食事に行こうと考えていたんだけど。
B：おや、そうなの？
A：うん、私と一緒に行かない？
B：ええ、今晩は空いてるよ。
A：もしよければ、割り勘にしようよ。私の予算では2人分払えないんだ！
B：私は構わないよ。じゃあ、後でね。

① 私におごらせて。　　　　　　　② これは私がおごります。
③ 食事代を支払ってくださいますか？　④ 私の予算では2人分払えない！

解説

　空所の前に **split the cost**「割り勘にする」が使われていることから、「私の所持金では2人分払えない！」の意味になる④が正解。**split the bill（check）**としても「勘定を分割する」＝「割り勘にする」になるので、おさえておく。①、②は共に「私がおごる」の意味になるので文脈に合わない。**treat**「ごちそうする」、**This is on me.**「これは私がおごります。」をおさえておく。**on**は【接触】の意味から、人を目的語にとると【信頼】の意味が生まれて、「ここは私に任せて。」＝「これは私がおごります。」の意味になる。③も割り勘の文脈に合わない。

語 彙　🎧 Track 45

熟 go for a meal		食事に行く
会 If you don't mind, ~.		もしよろしければ、~。
熟 split the cost		割り勘にする
名 budget		予算
会 That's all right by me.		私は構わない。
会 See you later.		また後で。
動 treat		ごちそうする
会 This is on me.		これは私がおごります。

問7

正解 ①

▶会話と選択肢の訳

A：ジャック、この暖かい天気は最高だよね？
B：正直に言うと、好きじゃない。それはすごく怖い！
A：どういう意味？
B：ええと、2月はこんなに暑いものじゃないよね！ 私たちはTシャツ
  ではなくて、ダウンジャケットを着ているべきだよ。これはたぶん、
  知っての通り気候変動のせいだよね。
①それはすごく怖い！   ②大賛成。
③残念ながらできると思う。   ④その通り。

解説

　Aの発言「この暖かい天気は最高だよね？」に対して、Bが「正直に言うと、好きじゃない。」と言っているので、空所にはマイナスの情報が入ると予測する。①が「それはすごく怖い！」の意味になるので、正解。② **I couldn't agree more.** はP33の 🎧会話表現POINT⑩ で扱ったcouldn't ＋ 比較級 なので最上級相当表現になり、「大賛成」の意味になる。④は **You can say that again.**「あなたはもう一度そのことを言える。」＝「その通り。」の意味。③は「残念ながら私はできる。」で、いずれも文脈に合わない。

語彙 🎧Track 46

名 weather	天気
熟 to be frank with you	正直に言うと
会 What do you mean by that?	それはどういう意味？
名 down jacket	ダウンジャケット
名 climate change	気候変動
動 scare	怖がらせる
会 I couldn't agree more.	大賛成。
会 You can say that again.	その通り。

問8

正解 ③

▶会話と選択肢の訳

A：あなたはなぜそのようなことをサラに言ったの？ 彼女は教室で泣いているよ。

B：ああ、やっちゃった！ 本気ではなかったんだ。それは冗談だった。

A：それなら、彼女にそれを伝えに行って。さあ！

①私は気にしない。 ②私は真剣だった。

③私は本気ではなかった。 ④私はそれに同意しない。

解説

　Aの発言「あなたはなぜそのようなことをサラに言ったの？ 彼女は教室で泣いているよ。」に対して、Bの発言があることを確認する。空所の後ろのIt was a joke.「それは冗談だった。」から、同じ意味になる③ **I didn't mean it.**「**本気ではなかった。**」が正解とわかる。①、④は文脈に合わない。②は「私は真剣だった。」で、空所の後ろのIt was a joke.に反する。

語彙 Track 47

会 Oh, no!	ああ、やっちゃった！
会 I didn't mean it.	本気ではなかった。
形 serious	真剣な

問9

▶会話と選択肢の訳

A：ニュースを伝えてもいい？　私たちは結婚するんだ！
B：ああ、ジェフ！　それは素晴らしい知らせだね。
①壊す　　②壊す　　③戦う　　④砕く

解説

　直後でAが「私たちは結婚するんだ！」とニュースを伝えているので、**break the news**「ニュースを伝える」になる①**が正解**。他の選択肢は「ニュースを伝える」という意味にはならない。

語彙　Track 48

熟 break the news	ニュースを伝える
動 destroy	壊す
動 smash	砕く

問 10

正解 ①

▶会話と選択肢の訳

A：図書館があと10分で閉まります。出口の方へお進みください。
B：もう6時近くなの？　午後はあっという間だ！
①飛んだ　　②従った　　③走った　　④急いだ

解説

　Aの発言で「図書館があと10分で閉まります。出口の方へお進みください。」とあり、Bの発言で「もう6時近くなの？」とある。空所には「時間が過ぎるのが速い」の意味になる**fly by**「**(時間が) 速く過ぎ去る**」になる①を入れるのが正解。flown は fly の過去分詞形。

語彙 Track 49

熟 make one's way	進む
名 exit	出口
副 nearly	ほぼ
熟 fly by	速く過ぎ去る

Q 1 ☐	I'll pass on it. の意味は？	A 私は遠慮しておくよ。
Q 2 ☐	So far so good. の意味は？	A 今のところとても良い。
Q 3 ☐	How's it coming along? の意味は？	A それの進み具合はどうですか？
Q 4 ☐	have got to do の意味は？	A ～しなければならない
Q 5 ☐	The line is busy. の意味は？	A 電話が話し中だ
Q 6 ☐	（電話について）get through の意味は？	A （電話が）通じる
Q 7 ☐	stick with の意味は？	A ～を続ける
Q 8 ☐	That's a shame. の意味と、同じ意味の表現を1つあげなさい。	A 「それは残念だ。」 I'm sorry to hear that.
Q 9 ☐	split the cost の意味は？	A 割り勘にする
Q 10 ☐	That's all right by me. の意味は？	A 私は構わない。
Q 11 ☐	This is on me. の意味は？	A これは私がおごります。
Q 12 ☐	What do you mean by that? の意味は？	A それはどういう意味？
Q 13 ☐	I couldn't agree more. の意味は？	A 大賛成。
Q 14 ☐	You can say that again. の意味は？	A その通り。
Q 15 ☐	I didn't mean it. の意味は？	A 本気ではなかった。
Q 16 ☐	break the news の意味は？	A ニュースを伝える
Q 17 ☐	fly by の意味は？	A 速く過ぎ去る

第 **2** 章

長い会話文を
攻略する！！

- 第1章では、短い会話問題を通じて会話の定型表現を学んでいきました。第2章では、少し長めの会話文を通じて、同様に会話の定型表現を増やしていきます。また、文脈から会話表現を特定する作業も少しずつ訓練していきます。

第**01**問

正解 (1) B　(2) D　(3) D　(4) A　(5) B

▶選 択 肢 の 訳 と 解 説

(1)

> A. それはもう終えたの？
> B. 君はそれをやらなかったの？
> C. それは私のために用意されたもの？
> D. 君はそれを家に忘れてきたの？

解説

　空所1に対するリュウの返答が、I did. なので、**didを使った疑問文の
B、D**に正解の候補を絞る。I did. の後ろの「けど、宿題を提出すること
はできない。説明させてください。」から、「**君はそれ（宿題）をやらなか
ったの？**」が文脈上合うので、**Bが正解**。Dは「家に置き忘れてきた」と
「提出はできない」は逆接にならないので、正解にはならない。

(2)

> A. それは間違っている、　　　B. もう一度、
> C. それに加えて、　　　　　　D. 何しろ、～だから

解説

　空所2の前が、「いいだろう、では今回はどうしたんだ。飼い犬がまた
宿題を食べたのか？」で、後ろが「それが、前回君が言ったこと」なの
で、**D「何しろ～だから」が正解**。Aは文脈に合わない。BとCは追加を
意味する表現だが、文脈に合わない。

会話表現POINT⓭ after all の意外な意味

after all は①「結局は」の意味が有名ですが、(2) で登場したように、②「**何しろ、〜だから**」という理由を表す用法があります。次の例文をご覧ください。

① We left thirty minutes late, but we arrived on time **after all**.
   訳　私たちは30分遅れて出発したが、**結局は**時間通りに到着した。
② Let's play outdoors. **After all**, we have finished our homework.
   訳　外で遊ぼうよ。**何しろ**、私たちは宿題を終えた**んだから**。

after all は①の用法でも「**意外なことに**」というニュアンスがあります。例文①のように「30分遅れて出たけど、**意外なことに**間に合った。」と使われます。②の「**何しろ、〜だから**」は理由を表して、**相手がすでに知っている理由**を示します。例文②のように「**宿題を終えたのは話し手と聞き手の共通理解**」なので、after all を使います。

(3)

A. 私はできた。	B. 私はやった。
C. つまり。	D. 私はわかっている。

解説

空所3の前で「**上手な言い訳をした方がいいぞ。**」と言われており、後ろに「**だから私に説明させてください。**」とあるので、「（上手な言い訳をした方がいいのを）わかっている」となる**D**が正解になる。

(4)

A. おい！	B. それを持ち出しなさい！
C. それはどこにあるの？	D. 次は時間を守りなさい！

空所4の前で「それ（宿題）をプリントアウトしようとしたとき、プリンターが動かなくて…」とあり、空所の後ろで「もっとましな言い訳をした方がいいぞ。」とあるので、**プリンターが動かなくなったことにツッコミを入れるAが正解**になる。

😊 会話表現POINT⓮ **Come on!の意外な意味**

P51の**😊 会話表現POINT⓬**で紹介したように**come on**は「こっちに来い！」という意味がありますが、そこから広がって、「**おい！**」という意味で、**相手へのツッコミ**に使われることがあります。次の例文をご覧ください。

Oh, **come on,** I can't believe that.
訳　**おい**、そんなこと信じられないよ。

このように、**相手の発言に対して、納得がいかなくて突っ込む場合に使う**ことができるので、改めておさえておきましょう。

(5)

A. 頑張ったね！
B. ああ、ここにあった。
C. 恥を知れ！
D. いいえ、私はインターネットにつなぐことができません。

空所5の前のリュウの発言「それ（メール）を受け取りませんでしたか？」に対して、ジョンが「携帯電話を調べてみる。（　　　）ごめん。」と最後に謝っているので、リュウのメールを発見したとわかる。よって、**Bが正解**。

会話表現POINT⑮ hereを使った会話表現

①**Here you are. ／ Here you go. ／ Here it is.**「はいどうぞ。」
②**Here it is.**「あっ、ここにあった。」
③**Here we go.**「さあ、始めよう。」
④**Here we are.**「さぁ、着きました。」

　hereを使った代表的な会話表現を取り上げます。①は3つとも相手の求めているものを差し出して「はい、どうぞ。」の意味になります。youやitが「**あなたが求めているもの**」で、「**あなたが求めているものがここにあります。**」＝「**はい、どうぞ。**」になります。②はitが探し物で、探し物が「**ここにあった。**」という意味で使われます。③は**旅を始めたり、何かの共同作業を始めたりするとき**に使います。④は**目的地などに着いたとき**に使います。

▶会話の訳

　教師のジョンが、学生のリュウと教室で話をしている。

ジョン：リュウ、宿題はどこ？　君はそれをやらなかったの？
リュウ：やりました。けど、宿題を提出することはできません。説明させてください。
ジョン：いいだろう、では今回はどうしたんだ。飼い犬がまた宿題を食べたのか？　何しろそれが、君が前回言ったことだからな。
リュウ：うーん…
ジョン：上手な言い訳をした方がいいぞ。
リュウ：わかっています。だから説明させてください。
ジョン：わかった。待っているよ。すべての宿題をやることは、この授業の最も重要なものの1つと考えている。
リュウ：わかってます。だから聞いてください。宿題のすべてを家のコンピューターに打ち込みました。5ページです。それから、それをプリントアウトしようとしたとき、プリンターが動かなくて…
ジョン：ばかな！　もっとましな言い訳をした方がいいぞ。
リュウ：だから、そのことを今朝学校にちょうど出発する前に、先生にメールしたんです。

ジョン：本当か？

リュウ：ええ。それを受け取りませんでしたか？

ジョン：うーんと、携帯電話を調べてみる。ああ、ここにあった！　ごめん。

リュウ：よかった。心配しました。

語彙 🎧 Track 50

熟 **after all**	何しろ、～だから
名 **excuse**	言い訳
動 **consider O C**	OをCとみなす
会 **Come on!**	おいおい！
会 **My apologies.**	ごめんなさい。
会 ***Thank goodness.**	よかった。

　*Thank goodness. は元々、Thank God. ですが、神様を示す言葉をみだりに使うべきではないという考えから、Godにスペリングが近いgoodnessに変えて使います。

😀 第1問 口頭チェックテスト

Q1 ☐	**after all** の「結局は」以外の意味は？	A 何しろ、～だから
Q2 ☐	**Come on!** の「こっちに来い！」以外の意味は？	A （ツッコミで）おいおい！
Q3 ☐	**Here it is.** の意味は？	A ここにあった。
Q4 ☐	**My apologies.** の意味は？	A ごめんなさい。
Q5 ☐	**Thank goodness.** の意味は？	A よかった。
Q6 ☐	**Good try!** の意味は？	A 頑張ったね！
Q7 ☐	**Shame on you!** の意味は？	A 恥を知れ！

正解　(1) A　(2) B　(3) C　(4) D　(5) C

(6) A　(7) A　(8) C　(9) D　(10) B

▶選択肢の訳と解説

(1) A. 長い間　　B. 長い　　C. 多い　　D. 回

解説

空所1の前の **How have you been?**「どうしてた？」から、久しぶりの再会の場面と推測する。空所の前のIt's beenと選択肢から、**It's（= It has）been ages.**「久しぶり。」を類推して、**Aが正解**。P.21の 🔵会話表現POINT❻ で取り上げた「**久しぶり**」の**表現**をおさえておく。

(2) A. 受け入れた　　**B.** 申し込んだ　　C. 試した　　D. 出席した

解説

空所2の前の文「数ヶ月前、会社が規模を縮小したときに、無職になったの。」と、空所（2）の「他の職種に〜していないのか？」から意味を類推する。空所の後ろのforと選択肢のBから、**apply for**「**〜に申し込む**」を類推して、**Bが正解**。

(3) A. 〜をやり直す　　　　　B. 中断する
　　C. 補う　　　　　　　　D. 〜について考える

解説

空所3の前後の「インフルエンザにかかっちゃって、1週間寝込んでいたから、今欠席したレッスンを〜しなければならない」という文脈を読む。空所の後ろのforと選択肢のCから、**make up for**「**〜を補う**」を類推して、**Cが正解**。

71

(4) A. 〜になる　　　B. している　　　C. 〜の上に　　D. 上がって

空所4の前後から、**What have you been up to 〜?**「〜はどうしてた？」を推測して、**D が正解**。Aはbeenの後ろにbecomeを置くことはできない。B、Cでは、意味のある文にならない。なお、**What have you been up to lately?** とすると、「**最近はどうしてた？**」の意味になるので、あわせておさえておく。

(5) A. 周囲に　　　B. 〜のそばに　　C. 〜以来　　　D. 〜までずっと

空所5の前に現在完了進行形があることから、「その時**以来**、あなたは何をしていたの？」を推測して、現在完了形と相性の良い**C. since を選ぶ**。

(6) A. 〜として　　B. 〜で　　　　C. 〜の中に　　D. 〜に

空所6が含まれている文の「法律事務所へのコンサルタント〜自分の会社を設立した。」から、「**〜として**」の意味になる**A. as が正解**。asがイコール関係を作ることを知っておくと、I = a consultantの関係になることからも、解答を類推できる。

(7) A. 最初　　　　B. 最後　　　　C. 開始　　　　D. 時間

空所7が含まれている文ではwasn't easyとあり、次のジョンの発言ではNow I've got my own client base.とあることから、**現在ではうまくいっている**と類推できる。よって、**後で状況が変わることを示唆している** **at first**「初めは〜」を推測して、**Aが正解**になる。

会話表現POINT⑯　**at firstのニュアンス**

・**At first** I was shocked, but I got used to it.
　　訳　　初めはショックを受けたが、それに慣れた。

　at first「初めは」は、**後で状況が変わる場合**に使います。例文でも、**初めはショックを受けたが、後でそれに慣れた**とあるので、おさえておきましょう。

(8) A. 確かに　　　　　　　　B. 持っていた
　　 C. 〜にちがいない　　　 D. たぶん

解説

　空所8の後ろのhave beenから、**助動詞 ＋ have p.p.**を推測する。Itはジョンの発言にある、**評判を築く前に過ごした大変な時代**を指しているので、**must have p.p.**「〜したにちがいない」を使って、It **must have been** tough.「それは大変だったにちがいないね。」となる**C**が正解と判断できる。

(9) A. 吹き飛んだ　　　　　　B. 降りて来た
　　 C. 去って行った　　　　 D. うまくいった

解説

　空所9の後ろに「今や自分自身の顧客基盤が出来上がったんだ。」とあるので、**ジョンの会社がうまくいっている**と類推する。**D.**の**take off**には「**(事業が)うまくいき始める**」の意味があるので、これが正解になる。

73

・My career was **taking off.**

訳　私のキャリアがうまくいき始めていた。

　take offは、「つかんでいたものを離す」という核となる意味から派生して、「(服を)脱ぐ」、「(飛行機が)離陸する」、「休みを取る」を意味します。「離陸する」の主語が飛行機から事業に代わると、「(事業が)うまくいき始める」の意味になるので、おさえておきましょう。

(10) A. 尋ねる　　**B. 頼る**　　C. 思い出す　　D. 要求する

解説

　空所10の後ろのonと選択肢から、**count on**「～に頼る」を推測する。「もしあなたが自分のウェブサイトをデザインする人が必要なら、私を**頼**ってね。」と文脈にも合うので、**B**が正解。

▶会話の訳

ルーシー：ジョン……あなたなの？　どうしてた？　久しぶりだよね？

ジョン　：ルーシー？　君にまた会えてすごくうれしい！　どうしてた？

ルーシー：正直に言うと、大変だった。私の会社が数か月前、規模を縮小したときに、無職になったの。

ジョン　：他の職種にはまだ申し込んでいないの？

ルーシー：申し込んだけど、返事がないの。その間に、私は通信教育講座を始めたの。今ウェブサイトのデザインの方法を学んでいるわ。

ジョン　：よかったね。　それの印象はどう？

ルーシー：ええと、私はとても上手にやっていて春期にいくつかいい成績を取ったの。けど、インフルエンザにかかっちゃって、1週間寝込んでいたから、今欠席したレッスンの埋め合わせをしなければならないの。来週の課題もあるのよ。あなたは？　ここ数年ずっとどうしてた？

ジョン　：ええと、君が聞いたことがあるかどうかわからないけど、3年前に法律事務所の仕事をやめたんだ。

ルーシー：本当？　その時以来、あなたは何をしていたの？

ジョン　：法律事務所へのコンサルタントとして、自分の会社を設立した。

ルーシー：すごいね。調子はどうなの？

ジョン　：初めは簡単じゃなかった。クライアントを獲得するために、他の弁護士に連絡先詳細を尋ねて回らなければならなかった。それから、街にあるすべての法律事務所に手紙を出した。評判を築くまでに大変な時期を過ごしたよ。

ルーシー：それは大変だったにちがいないね。

ジョン　：うん、けどその価値はあったよ。会社は本当にうまくいき始めている。今や自分自身の顧客基盤が出来上がったんだ。

ルーシー：ええと、もしあなたが自分のウェブサイトをデザインする人が必要なら、私を頼ってね。

ジョン　：わかった。僕たちはぜひともそのことについて会って話すべきだよね。

ルーシー：いいね。来週末、あなたに電話するよ。

ジョン　：わかった。その時話そう。

語彙　Track 51

会 How have you been?	どうしてた？
会 It's been ages.	久しぶり。
形 tough	困難な
熟 to be honest	正直に言うと
動 downsize	規模を縮小する
熟 apply for	～に申し込む
熟 in the meantime	その間に
名 distance learning course	通信教育講座
動 design	デザインする
会 Good for you.	よかったね。
名 grade	成績
名 term	学期

名 flu		インフルエンザ
熟 make up for		～を補う
名 assignment		課題
会 What have you been up to?		どうしてた？
名 law office		法律事務所
会 How's it going?		調子はどう？
名 contact details		連絡先詳細
名 reputation		評判
熟 take off		うまくいき始める
名 client base		顧客基盤

Q1 ☐	**How have you been?** の意味は？	**A** どうしてた？
Q2 ☐	**It's been ages.** の意味は？	**A** 久しぶり。
Q3 ☐	**in the meantime** の意味は？	**A** その間に
Q4 ☐	**Good for you.** の意味は？	**A** よかったね。
Q5 ☐	**flu** の意味は？	**A** インフルエンザ
Q6 ☐	**What have you been up to?** の意味は？	**A** どうしてた？
Q7 ☐	**How's it going?** の意味は？	**A** 調子はどう？
Q8 ☐	**ask around for** の意味は？	**A** ～を尋ねて回る
Q9 ☐	**go through** の意味は？	**A** 経験する
Q10 ☐	**reputation** の意味は？	**A** 評判
Q11 ☐	**tough** の意味は？	**A** 困難な
Q12 ☐	**My business has taken off.** の意味は？	**A** 私の仕事がうまくいき始めている。
Q13 ☐	**client base** の意味は？	**A** 顧客基盤

第2章 長い会話文を攻略する!!

正解 １⑤　２④　３②　４⑥　５①　６③

解説

１ 空所1の前のAの発言「今日はあなたと話せてとても良かった。」に合うのは、⑤**Likewise**「こちらこそ。」になるので、⑤**が正解**。It's nice to meet you.「あなたに会えてうれしいです。」などに対して、**Likewise.**「こちらこそ。」と答えるので、おさえておく。

解説

２ 空所2に入るのは、前のBの発言When do you want to meet next?「次はいつ会いたいですか？」に対する返答であることをおさえる。空所2の後ろのMy schedule is quite open next week.「私のスケジュールは、来週完全に空いている。」から推測できるのは、④の**You name the day.**「あなたが日付を決めていいよ。」になるので、④**が正解**。

解説

３ 空所3の前のAの発言I have a coupon for a new restaurant in the neighborhood.「近所の新しいレストランのクーポンがあるの。」から、②**It expires next week.**のItがa couponを指していると推測して、「（そのクーポンは）来週期限が切れるんだ。」とすると文脈が通るので、②**が正解**。

解説

４ 空所4の前のレストランのクーポンの話から、空所4の後ろではベジタリアンのメニューの話に話題が変わっているので、空所4でレストランを決める話が終わっているものと類推する。⑥**That's a deal.**「それで決まりだ。」は、**意見をすり合わせる場面で使う表現**なので、正解になる。**That's a deal.**「それで取引だ。」＝「それで決まりだ。」の表現。本問のような、日程や遊ぶ場所、内容等の話し合いの状況で使える表現なので、おさえておく。

> **解説**

⑤ 空所5の前のAの発言「あなたがベジタリアンだと知らなかった。」に対して、Bが「ちがうよ。」と返答していることを理解する。このBの発言から、①**I just feel like eating vegetables for a change.**「私は気分転換に野菜を食べたいだけ。」が文脈上合うので、正解と判断する。**for a change**「**気分転換に**」の表現をおさえておく。

> **解説**

⑥ 空所6の前のAの発言で「魚で大丈夫?」という問いかけがあり、それに対してBが「もちろん!」と答えていることを理解する。③**I love seafood.**「私はシーフードが大好きだ。」が文脈上合うので、正解と判断する。

▶会話の訳

A:今日はあなたと話せてとても良かった。

B:こちらこそ。次はいつ会いたい?

A:あなたが日付を決めていいよ。私のスケジュールは、来週完全に空いている。

B:来週の月曜日の正午、昼食を食べながらはどう?

A:私はいいよ。近所の新しいレストランのクーポンがあるの。来週期限が切れるんだ。

B:それで決まり。そのお店のメニューに、ベジタリアンメニューはある?

A:わからない。あなたがベジタリアンだと知らなかった。

B:ちがうよ。私は気分転換に野菜を食べたいだけだよ。

A:魚で大丈夫?

B:もちろん! 私はシーフードが大好きだよ。

A:いいね! じゃあ月曜日に会おう。

B:そのときにね。何か必要なら私に知らせて。

会	**Likewise.**	こちらこそ。	
会	**You name the day.**	あなたが日付を決めていいよ。	
熟	over lunch	昼食を食べながら	
会	**Sounds good.**	いいね。	
名	neighborhood	近所	
動	expire	失効する	
会	**That's a deal.**	それで決まりだ。	
熟	for a change	気分転換に	

😊 第3問 口頭チェックテスト

Q	問題	A	答え
Q 1 ☐	over lunch の意味は？	A	昼食を食べながら
Q 2 ☐	Sounds good to me. の意味は？	A	私はいいよ。
Q 3 ☐	expire の意味は？	A	失効する
Q 4 ☐	That's a deal. の意味は？	A	それで決まりだ。
Q 5 ☐	for a change の意味は？	A	気分転換に

正解　(1) b　(2) a　(3) a　(4) a　(5) c
　　　　(6) a　(7) c　(8) b　(9) d　(10) b

▶選択肢の訳と解説

(1)　a. 何回も　　b. 一定の間　　c. ときおり　　d. その間に

解説

　空所1が含まれている文は「〜ここにいる日本人の学生は、異なる背景の人と混じりたがらないように思える。」という意味。a while を使うと、「一定の間しかここにいない日本人の学生は〜」と意味が通るので、**b が正解**。aとcでは意味が通らない。dはどの間か不明。

(2)　a. 私もしない　　　　　　　b. 一度も〜なかった
　　 c. 私がするのではない　　　d. 彼らも〜しなかった

解説

　空所2が、ケイタの I don't like to cling to students from my own country.「私は自分の国の学生とつるむのは好きではない。」に対する返答であることを意識する。空所2の後ろで「留学の一番良い部分は、様々な文化の人と交流することだ。」とあることから、空所2には、私も自国の人とつるむのは好きではないという表現が入るとわかるので、**a. I don't, either.** が正解と判断する。bはhadを使うと過去完了形だが、過去完了形を使う場面ではない。cは、thatが何を指すかが不明。dは前文の主語がIなので、突然theyは使えない。

(3)　a. あまりおしゃべりではない　　b. 話し手の中ではかなり下手で
　　 c. かなり話の中身がうすい　　　d. 話し手がかなり不足して

81

　空所3の前後の発言に注目する。前文が「しかし、私たち外国の学生が、ここでよい友人を作るのはかなり難しいように思える。」で、後ろの文が「特に場を和ませることが期待されていると感じるとき、たいてい言葉が出てこないことが多い。」なので、**空所3には「私は口下手だ」のような内容が入ると推測**する。not much of a 〜「たいした〜ではない」から、**a. not much of a talker**「たいした話し手ではない」=「**あまりおしゃべりではない**」が文脈上合うので、正解と判断する。b、dでは意味が通らない。cは話の内容についてはここではふれていないので、正解にはならない。

(4) a. 作った　　b. 〜の上にあった　　c. 欠けた　　d. 起きた

　空所の後ろの the effort と、選択肢から **make an effort**「**努力する**」を推測して、**aが正解**と判断する。文脈上も、空所4の前のメイの発言「初めて私と話したとき、あなたは上手に話していたよ。」に対して、ケイタが「同じテーブルでたまたま隣に座ったから、私は努力した。」となるので問題ない。the effort となっているのは、上手に話すという具体的な努力を指していることが理由。

(5) a. 〜に対して　　b. 一緒に　　c. 〜をしながら　　d. 外に

　空所5の前の bond と選択肢から、**bond over**「**〜をしながら絆を深める**」を推測する。空所5を含む文は「私は**人々が食事をしながら絆を深める**傾向にあると思う。」で、後ろの文の「同じ食事を食べることは、人々を1つにするよね？」からも、**cが正解**になる。

(6) a. 機能する　　b. 維持する　　c. 運転する　　d. 座る

解説

　空所6の前後から「一部の授業には、他の授業より友人を作るのにうまく〜ものがある」という文脈を読んで、選択肢から、**a. work「機能する」が正解**と判断する。他の選択肢では意味が通じない。

(7) a. 階段　　b. 親戚　　**c. 義務**　　d. 例外

解説

　空所7の前のケイタの発言に、「同じ授業を取る生徒は共通の関心を共有する」とあるので、空所には**必修授業を取る生徒が共有するもの**が入ると類推する。選択肢から、**「必修授業を取る生徒は、義務を共有する」**と類推して、**c. obligations「義務」**が正解。

(8) a. 〜を更新する　　**b. 〜に戻る**　　c. 脇に置く　　d. 〜と別れる

解説

　空所6の前のメイの発言内容「たとえ食事を共有する機会がなくても、あなたは**いつでも会話を始められる。**」に注目する。この後ろから、For exampleで具体例が始まり、授業開始時の共有の話になる。空所8の後ろは**「会話の始め方に関する君の主張に〜」**とあることから、**b. get back to「〜に戻る」が正解**と判断する。For exampleから具体例が始まるという視点が重要。

(9) a. 白熱した議論　　　　　　b. 自然環境
　　 c. 権力の頂点　　　　　　**d. 共通点**

解説

　空所9の後ろの**前置詞like「〜のような」が具体例の目印**になる。discovering similar experiences or values「似たような経験や価値観を見つけること」は、**d. common ground「共通点」の具体例**なので、**d. が正解**。

(10) a. すべて　　b. 少し　　c. ほぼ　　d. 公正に

解説

　空所10の後ろの文に **For example** があるので、まずは具体例をしっかり理解する。「話題になっているサッカーの試合結果を知らなくても、**いくつかのサッカーのルールを知っていれば**、まだ会話に参加できる。」から、「あらゆることについて**少し知っておくこと**が望ましいだろう。」と類推して、**b** が正解。他の選択肢は、本文の具体例にはつながらない。

▶会話の訳

　メイとケイタはカナダの大学の留学生だ。彼らは、それぞれニュージーランドと日本の出身だ。彼らは現在、大学の食堂で会話をしているところだ。

メイ　：私は、最近日本の学生がキャンパスにずいぶんたくさんいるのに気づいた。私は楽しい！　彼らが通り過ぎると、私は耳を傾けて、なじみのある2、3の日本語を聞こうとしているの。

ケイタ：一定期間しかここにいない日本人の学生は、異なる背景の人と混じりたがらないように思える。僕は自分の国の学生とつるむのは好きではないよ。

メイ　：私も好きじゃない。留学の一番良い部分は、様々な文化の人と交流することよ。

ケイタ：でも、僕たち外国の学生が、ここでよい友人を作るのはかなり難しいように思える。さらに、僕はあまりおしゃべりではない。特に場を和ませることが期待されていると感じるとき、言葉が出てこないことが多いよ。

メイ　：初めて私と話したとき、あなたは上手に話していたよ。

ケイタ：あの「オリエンテーション＆ランチ」プログラムで、同じテーブルでたまたま隣に座ったから、僕は努力した。

メイ　：そう、頑張ったのね！　あと、そのテーブルのメンバーが、全員気まずい沈黙を避けたいようだったから、知っての通り、美味しい食事が私たちをリラックスさせたのよ。

ケイタ：僕は人々が食事をしながら絆を深める傾向にあると思う。なぜだかわからないけど、同じ食事を食べることは、人々を1つにするよね？

メイ　：確かにそうだね。けど、たとえ食事を共有する機会がなくても、あなたはいつでも会話を始められる。例えば、あなたが、授業が始まるのを待っているときとか。

ケイタ：特にグループ活動がある授業とか、一部の授業には、他の授業より友人を作るのに適しているものがあると思う。同じ授業を取る学生が、たいていは共通の興味を共有していると思うんだ。

メイ　：そして、もしそれが必修授業なら、義務が共有される。

ケイタ：「共有することは思いやりだ。」この表現がここに当てはまるね。会話の始め方に関する君の主張に戻らせて。「どんな授業を取っているの？」や「あなたの休日プランはどう？」のような基本的な世間話の質問を用意しておくのはいい考えだと思う？

メイ　：そう思うけど、もっとも難しい点は、似た経験や価値観を見つけるような共通点に達するまで、会話を続けることよ。

ケイタ：話をうまく続けていくために、あらゆることについて少し知っておくことが望ましいだろう。例えば、もし君が、話題になっているサッカーの試合結果を知らなくても、ちょっとサッカーのルールを知っていれば、まだ会話に参加できるだろう。

メイ　：本当に名言だよね。会話を始めるのに時間や努力を捧げることは意味がある。誰にもわからないもの。それは、私たちのような価値のある友情につながることもあるのだからね、ケイタ！

語彙 Track 53

名 international student	留学生
副 respectively	それぞれ
動 notice	気づく
熟 pass by	通り過ぎる
熟 reluctant to do	～したがらない
熟 mix with	～と交わる
名 background	背景
熟 cling to	～にしがみつく
熟 interact with	～と交流する
熟 not much of a talker	あまりおしゃべりではない

熟 be at a loss for words	言葉が出てこない
熟 break the ice	場を和ませる
熟 happen to do	たまたま〜する
会 Good on you.	よくやったね。
形 awkward	気まずい
名 silence	沈黙
熟 bond over	〜をしながら絆が深まる
熟 bring together	1つにする
熟 wait for S to do	Sが〜するのを待つ
名 aspect	点
名 common ground	共通点
熟 keep the ball rolling	話をうまく続ける
形 preferable	好ましい
名 wise words	名言
熟 make sense	意味を成す
動 dedicate	捧げる
会 Who knows?	誰もわからない。
熟 lead to	〜につながる

Q			
Q 1 ☐	respectivelyの意味は？	**A**	それぞれ
Q 2 ☐	reluctant to doの意味は？	**A**	〜したがらない
Q 3 ☐	cling toの意味は？	**A**	〜にしがみつく
Q 4 ☐	interact withの意味は？	**A**	〜と交流する
Q 5 ☐	toughの意味は？	**A**	困難な
Q 6 ☐	not much of a talkerの意味は？	**A**	あまりおしゃべりではない
Q 7 ☐	be at a loss for wordsの意味は？	**A**	言葉が出てこない
Q 8 ☐	break the iceの意味は？	**A**	場を和ませる
Q 9 ☐	Good on you. の意味は？	**A**	よくやったね。
Q 10 ☐	awkwardの意味は？	**A**	気まずい
Q 11 ☐	bond overの意味は？	**A**	〜をしながら絆が深まる
Q 12 ☐	bring togetherの意味は？	**A**	1つにする
Q 13 ☐	common groundの意味は？	**A**	共通点
Q 14 ☐	keep the ball rollingの意味は？	**A**	話をうまく続ける

第2章 長い会話文を攻略する!!

正解 (a) **1**　(b) **4**　(c) **3**　(d) **1**

▶選択肢の訳と解説

空欄 (a)
1. ぜひ聞かせて
2. それは真実ではない
3. それは重要なことだ
4. 私は驚いてはいない

解説

aの前が「家に帰る途中であることが起こったんだ。」で、aの後ろでその出来事の説明が続いているので、選択肢の1. **I'm all ears.**「ぜひ聞かせて。」を正解と判断する。

会話表現POINT⓲　**be all** ＋ 身体の部位 の熟語表現

・**be all thumbs**「不器用だ」／ **be all ears**「熱心に聞いている」
be all eyes「熱心に見ている」

　be all thumbs は直訳だと「すべて親指だ」になります。thumb「親指」は、英語圏では短くて不器用な指を指すので、「すべて親指だ」＝「不器用だ」になります。続いて、**be all ears** は「すべて耳だ」＝「（全身耳になるくらい）熱心に聞いている」＝「ぜひ聞かせて」になります。**be all eyes** は「すべて目だ」＝「（全身目になるくらい）熱心に見ている」になります。

空欄 (b)
1. 私はそれが好きだ。
2. 気にしないで。
3. あなたはそこにいたの？
4. あなたは何をしたの？

解説

　bを挟んで、バスの中で起きた出来事が連続して話されているので、bには続きを促す表現が入るとわかる。**4. What did you do?**「**あなたは何をしたの？**」が話の続きを促す表現なので、正解と判断する。他の選択肢はbの続きとつながらない。

空欄 (c)

1. 彼と話した　　　　　　　　2. ショックを受けて
3. そこに座った　　　　　　　4. それについて考えた

解説

　空所cの前文が「なぜこの高齢者は、優先席じゃなくて、普通席に座っているのか？」なので、cを含む文は、「彼が優先席に座っていたら、**私は普通席に座れたのに！**」と推測できる。よって、**3が正解**。3のthereは普通席を指す。他の選択肢は文脈に合わない。

空欄 (d)

1. わかるよ　　　　　　　　　2. それはばかげている
3. どういたしまして　　　　　4. その話はやめよう

解説

　エリックの「高齢者が優先席に座っていたら、私は普通席に座れたのに！」に対して、dを挟んで、「しかし、誰でも普通席に座ることはできる。」とあるので、**いったん相手の発言を認めて反論する、譲歩⇒逆接⇒筆者の主張**の流れを理解する。よって、相手の意見をいったん聞き入れている**1 I get it.「わかるよ。」**が正解と判断する。2は前の文からのつながりがおかしい。3はThank you.の返答で使う表現。4は母親が聞き出している話題なので、文脈に合わない。

▶会話の訳

エリックは母親と話している。

母　　　：ねえ、エリック。イライラしているようだけど、あなたのチームはまた負けたの？

エリック：いいや、今日は勝ったよ。けど、家に帰る途中であることが起こったんだ。

母　　　：そうなの、ぜひ聞かせて。

エリック：ええと、バスに乗ったら、1つしか席が空いていなかった。それは優先席だったけど、疲れていたからそこに座ったんだ。

母　　　：その席に座る必要のある人が誰も立っていなかったからいいのだけど。

エリック：高齢者が立っていなかったから大丈夫だと思ったんだけど、座ってすぐに、普通席の1つに座っていた高齢者が、僕に叫んだんだ、「それは優先席だ！」と。

母　　　：それで？　あなたはどうしたの？

エリック：もちろん、驚いたから、立ち上がったよ！　けど、誰も必要としている人がいないときに、優先席に座れないと思う？　それが必要な人が乗って来たら、その席をあきらめるけど。

母　　　：誰かが来て席に座ったの？

エリック：いいや！　そこで、「なぜこの高齢者は、優先席じゃなくて、普通席に座っているのか？」と僕は考えたんだ。もし彼が優先席に座っていたなら、僕はその普通席に座れたのに！

母　　　：そうだね。でも、誰でも普通席に座ることができる。最も重要なことは、あなたが他人を思いやることよ。

エリック：わかっているけど…

語彙 🎧 Track 54

形 upset	腹を立てた
熟 be all ears	熱心に聞いている
名 priority seat	優先席
形 elderly	高齢の
形 regular	通常の
熟 shout at	～に叫ぶ

会 I get it.	わかるよ。
会 Never mind.	気にするな。
会 That's nonsense.	それはばかげている。
会 Don't get me started.	その話はやめよう。

第5問 口頭チェックテスト

Q 1 ☐ be all earsの意味は？	A 熱心に聞いている
Q 2 ☐ priority seatの意味は？	A 優先席
Q 3 ☐ I get it.の意味は？	A わかる。
Q 4 ☐ Never mind.の意味は？	A 気にするな。
Q 5 ☐ That's nonsense.の意味は？	A それはばかげている。
Q 6 ☐ Don't get me started.の意味は？	A その話はやめよう。

正解	(1) C	(2) D	(3) B	(4) B	(5) B
	(6) C	(7) B	(8) B	(9) B	(10) A

▶選択肢の訳と解説

(1) A. 伏せて　　B. 遅れて　　C. 起きて　　D. 目覚める

解説

　父親のWake up!「起きなさい！」に対して、空所1の前後は「私はすでに～」なので、**C**が正解と判断する。**up**だけで「**起きている**」の意味があることをおさえておく。

(2) A. ～でさえ　　B. 遠い　　C. 近い　　D. ぐっすり

解説

　空所2の後ろのasleepと選択肢から、**sound asleep**「ぐっすり眠って」を推測して、**D**が正解と判断する。**sound**は副詞で「ぐっすり」の意味で使われていることをおさえておく。

(3) A. できる　　　　　　　B. ～にちがいない
　　C. ～が必要だ　　　　　D. 使った

解説

　空所3は、父親の「なぜそんなに早く起きたんだ？」に対する返答で、「その時間に目覚まし時計をセットした～と思う」という意味だと理解する。**must have p.p.**「～したにちがいない」を推測して、**B**が正解。

(4) A. 心配して　　B. 悩んで　　C. 困難　　D. 心配

> **解説**
>
> 　1つ前のトムの発言 I was worried about sleeping in. 「私は朝寝坊する
> ことを心配していた」を受けて、空所4で「**朝寝坊するのは、普段は〜し
> すぎなものではない**」から、〜には **be worried about** と同義の**心配**に相
> 当する表現が入るとわかる。空所の前後の are、about と選択肢から、**be
> bothered about**「**〜について悩んでいる**」を推測して、**B が正解**と判断
> する。

(5)

> **解説**
>
> 　空所5の後ろの it は a Spanish test を指しているので、「そのテスト**の
> ために勉強する**」と文脈を読んで、**B. for が正解**と判断する。**study for**
> 「〜のために勉強する」の意味。

(6) A. これ　　B. それ　　C. 今回　　D. あのとき

> **解説**
>
> 　空所6を含む文に「**最近2つのテストに落第したから、〜はもっと良い
> 点を取らなければならない。**」から、**C. this time**「**今回**」が正解と判断
> する。特に空所の後ろの around と合わさって、**this time around**「**（め
> ぐってきた）今回**」と使うことがあるのもおさえておく。

(7) A. 〜の　　B. 他の　　C. 一部の　　D. どちらの

> **解説**
>
> 　空所7を含む文が、「スペイン語にしろ**他のどの科目にしろ**、ベッドの
> 近くに本を1冊も見かけない」と類推して、「他の」に相当する **B. other
> が正解**と判断する。他の選択肢は、any と ones の間に挟んでは使わない。

(8)

　空所8の前の文に「私の本はまだ学校にある」とあるので、「**昨日、本を家に持ってくるのを忘れた**」という内容を推測する。**forget to do** が「**～すべきことを忘れる**」という**義務**の文脈で、forget doing が「**～したことを忘れる**」という**記憶**の文脈なので、to do を使って、**B が正解**と判断する。

(9)

　空所9の後ろの better と B から、**had better**「**～した方がいい**」を予想して、**B が正解**。ここで使われている **get a move on** は「**急ぐ**」という意味なのをおさえておく。

(10) **A.** 落とす　　**B.** 設定する　　**C.** 取る　　**D.** 取った

　空所10を含む文は、「車で送って、7時前に駅で（**車から**）**降ろせば**」という文脈なので、**A が正解**。**drop ～ off** で「**～を（乗り物から）降ろす**」の意味。

▶会話の訳

[目覚まし時計が午前6時半に鳴る。父親が息子の部屋に行く。]

父　　：トム！　起きなさい。学校に遅刻するよ。

トム：僕はもう起きてる。朝の5時から起きてるよ。

父　　：なぜ？　いつもはこの時間はまだぐっすり寝てるよな。なぜそんなに早く起きたんだ？

トム：きっとその時間にアラームをセットしたにちがいない。寝坊するんじゃないかと心配しちゃって。

父　　：それでは、私の質問に全く答えていないよ。寝坊するのは、普段はそんなに悩んでいることではないじゃないか。1週間ほぼ毎日そうだろう。今朝は何が違ったの？

トム：今日、後で学校でスペイン語のテストがあるから、その勉強をする
　　　ために早起きしたかったんだ。この前の2つのテストに落第したか
　　　ら、今回はもっと良い点を取らなければならない。そうしないと、
　　　僕のスペイン語の先生が、次の学期に僕を下のクラスに移すよ。

父　：なるほど。それで、お前はやったのか？

トム：僕が何をやったって？　　何が言いたいの？

父　：勉強のことを言ってるんだよ。スペイン語にしろ他のどの科目にし
　　　ろ、ベッドの近くに本を1冊も見かけないよ。

トム：ああ、そうだね、ええと、問題は僕の本はまだ学校にあるんだ。昨
　　　日家に持ってくるのを忘れてしまった。家に帰ってから、昨晩やっ
　　　と気づいたんだ。だから、早起きしていつもより早い電車に乗ろう
　　　と思ったんだ。

父　：しかし、お前はまだベッドにいるじゃないか！　　そして、今がいつ
　　　もの電車に乗るのに、いつも家を出る時間だ。

トム：そうだね。

父　：それに着替えてすらいないじゃないか。もし電車に乗り遅れたくな
　　　いなら、急がなきゃ。さあ、急いで持ち物をまとめなさい。車で送
　　　って7時前に駅で降ろせば、早い電車に間に合うかもしれない。車
　　　で待ってるよ。

語彙　🎧 Track 55

熟 be up	起きている
会 How come?	なぜ？
熟 sound asleep	ぐっすり眠って
熟 sleep in	朝寝坊する
熟 be bothered about	～に悩む
熟 , or else ～	さもなければ～
会 The thing is ～.	問題は～だ。
熟 get a move on	急ぐ
名 stuff	持ち物
熟 drop ～ off	～を（乗り物から）降ろす

Q 1 □	be up の意味は？	A 起きている
Q 2 □	How come? の意味は？	A なぜ？
Q 3 □	sound asleep の意味は？	A ぐっすり眠って
Q 4 □	sleep in の意味は？	A 朝寝坊する
Q 5 □	be bothered about の意味は？	A ～に悩む
Q 6 □	get a move on の意味は？	A 急ぐ
Q 7 □	drop ～ off の意味は？	A ～を（乗り物から）降ろす

正解	(1) D	(2) D	(3) A	(4) C	(5) A
	(6) B	(7) C	(8) C	(9) C	(10) D

▶選択肢の訳と解説

(1)

解説

空所1を含む文は、「**深刻なことが～ない限り**、彼は通常連絡をしない」から、「深刻なことが**起こらない**」と類推して、**D. up が正解**になる。**What's up?**「**何が起こったの？**」のように、upには、「**(物事が) 起こって**」という意味があることをおさえておく。

(2)

解説

空所2の前後から、**It turned out that ～.**「**～とわかった。**」を推測する。「彼は私にクリスマスおめでとうと言いたいだけだった**とわかった。**」と意味も通るので、**Dが正解**と判断する。

(3)

A. 険しい　　B. かたい　　C. 厳しい　　D. 強い

解説

空所3を含む文「**かなり～な坂道を下り出して、ちょっとスピードが出たにちがいない。**」と選択肢のAから、**A. steep**「**険しい**」が正解と判断する。他の選択肢は、hillを修飾する用語としては使わない。

(4)

A. 向けた　　B. 可能にした　　C. 何とかした　　D. 成功した

第2章　長い会話文を攻略する‼

　空所4の後ろが不定詞なので、選択肢のCから**manage to do**「何とか～する」を推測する。「私は強くブレーキをかけて、**何とか車をよけた**」と意味も通るので、**Cが正解**。Aはdirect O to do「Oを～するように仕向ける」、Bはenable O to do「Oが～するのを可能にする」、Dはsucceed in doing「～するのに成功する」の形で使う。

(5)

A. ひどい　　B. 素晴らしい　　C. 怖がった　　D. ぞくぞくして

　空所5は、ポールが事故で切り傷や手首をひねったなどの損傷を受けたことについての感想なので、選択肢の**A. awful**「ひどい」**が正解**と判断する。C. scared「怖がった」、D. thrilled「ぞくぞくして」は、人の感情を表すのに使う表現。

(6)

　空所6の1つ前のエイミィの発言「車の運転手はどうなったの？　彼は助けに出てきた？」に対して、No, he just drove（　6　）.と答えているので、「彼はそのまま**運転し続けた**」と類推して、**B. onが正解**と判断する。このonは副詞で【継続】を意味して、keep on doing「～し続けている」などのonと同じ用法。

(7)

A. 与える　　B. 置く　　**C. 報いる**　　D. 価値を置く

　空所の前後のIt、you rightから、**It serves you right.**「自業自得だ。」を推測する。「それはあなたに正当に報いている」＝「自業自得だ」となった表現。「暗い中電気を付けずに、電話に出ていたの？　それはほぼ**自業自得**ね。」と意味も通るので、**Cが正解**と判断する。

(8)

解説

　空所8を含む文は、「深刻なけがを負わずに、本当についていたね。」と意味を推測できる。**不定詞の副詞的用法、判断の根拠**を用いて、かつ**完了不定詞**にした**C が正解**と判断する。

(9)

A. ほとんど〜ない　　B. そのような　　**C. そんなに**　　D. したがって

　空所9を含む文「すぐには病院に行って、検査してもらわなかった。**けがが〜ひどい**とは思わなかったので、自転車を押しながら家に帰っただけだった。」と選択肢のCから、「けがが**そんなに**ひどい」と類推できるので、**C. that が正解**。**副詞のthat**は「**そんなに**」の意味。Bは形容詞なので、形容詞であるseriousの前には置けない。A、Dは意味が通らない。

(10)

A. 家　　B. 線　　C. 方法　　**D. 道**

　空所の前のsent me on myから、**send O on one's way**「**O を送り出す**」を推測して、**D が正解**と判断する。「O を〜の道に送る」＝「O を送り出す」、「O に別れを告げる」の意味になる。

▶**会話の訳**

エイミィ：あなたは今まで自動車の事故にあったことはある？
ポール　：自動車の事故はないよ。かつて自転車事故にはあったことがあるけど。
エイミィ：何があったの？
ポール　：数年前のクリスマス直前の暗い、雨が降った午後のことなんだ。携帯電話が鳴ったとき、自転車に乗って街に向かって走っ

　　　　ていたんだ。誰からの着信か見るために、ポケットから携帯を
　　　　取り出した。それは僕の父からの電話だとわかった。深刻なこ
　　　　とが起こらない限り、父は通常連絡をしてこないので、電話に
　　　　出なければいけない気がした。結局、彼は僕にクリスマスおめ
　　　　でとうと言いたいだけだったとわかった。でもちょうど電話を
　　　　切ろうとしたとき、かなり険しい坂道を下り出して、ちょっと
　　　　スピードが出たにちがいない。ちょうどそのとき、坂の真ん中
　　　　あたりで、1台の車が脇道から出てきた。

エイミィ：ああ、それはまずいね。

ポール　：間近でそれが視界に入った。強くブレーキをかけて、何とか車
　　　　をよけたのだけど、自転車がスリップして、前輪がロックされ
　　　　て、ハンドルを越えて投げ出された。僕の体は地面に叩き付け
　　　　られた。幸運なことに、ヘルメットをかぶっていたんだけど、
　　　　それでも、非常に多くの切り傷やすり傷ができて、手首をひね
　　　　った。

エイミィ：それはひどいね。車の運転手はどうなったの？　彼は助けに出
　　　　てきた？

ポール　：いや、彼はそのまま運転し続けたよ。でも、彼は僕に気付きす
　　　　らしていなかったかもしれない。暗くて、僕が転倒したのは車
　　　　の背後だったし、自転車のライトを全然つけていなかった。

エイミィ：暗い中電気を付けずに、電話に出ていたの？　それはほぼ自業
　　　　自得ね。深刻なけがを負わずに、本当についていたね。病院に
　　　　行って、検査してもらった？

ポール　：すぐにはしていない。ショックのせいかもしれないが、そんな
　　　　にひどいものとは思わなかったから、自転車を押しながら家に
　　　　帰っただけだった。ただ、その晩は本当によく眠れなかった。
　　　　だから、翌朝、緊急治療室へ急いで行った。

エイミィ：それで？　医者は何て言ったの？

ポール　：医者は僕の手首をレントゲンで撮影したが、骨折の兆候は全く
　　　　なく、痛み止めを出して、僕を家に帰らせてくれた。運が悪け
　　　　ればずっとひどくなっていた可能性もあると思う。

名 car accident	自動車事故
熟 head into	～に向かう
熟 get in touch	連絡を取る
接 unless	～しない限り
副 up	**起きて**
会 It turns out that ～.	～とわかる。
熟 hang up	電話を切る
形 steep	険しい
熟 manage to do	何とか～する
動 slip	滑る
熟 smash into	～に激突する
副 fortunately	幸運なことに
熟 even so	そうであっても
名 scratch	すり傷
動 twist	ねじる
名 wrist	手首
会 It serves you right.	**自業自得だ。**
熟 check out	検査する
熟 take oneself off to	急いで～に行く
名 emergency room	緊急治療室
動 x-ray	レントゲンを撮る
熟 send O on one's way	Oを送り出す

Q 1		
☐	head into の意味は？	**A** ～に向かう

Q 2		
☐	Something serious is up. の意味は？	**A** 深刻なことが起こっている。

Q 3		
☐	steep の意味は？	**A** 険しい

Q 4		
☐	smash into の意味は？	**A** ～に衝突する

Q 5		
☐	awful の意味は？	**A** ひどい

Q 6		
☐	It serves you right. の意味は？	**A** 自業自得だ。

Q 7		
☐	take oneself off to の意味は？	**A** 急いで～に行く

Q 8		
☐	send O on one's way の意味は？	**A** O を送り出す

正解

問1
[ア]② 　　[イ]② 　　[ウ]② 　　[エ]②

問2
(1)② 　　(2)② 　　(3)④ 　　(4)④ 　　(5)①

▶選択肢の訳と解説

問1

[　ア　]
①正しくは　　②その通り　　③決して~ない　　④典型的に

解説

　空所アの前に、ウィレムが「アメリカ出身のチームメンバーの1人とコミュニケーションに問題を抱えている」と話した説明がある。空所アの後ろでもその問題の具体的な説明があるので、空所アは **Exactly.**「**その通り。**」が正解と判断する。

[　イ　]
①さらに　　②実際は　　③現在では　　④すぐに

解説

　空所イの前は「あなたはこのこと（アメリカ人の女性が子どもがわめいているときに会議に参加すること）で、彼女に何か言ったことはある？」という内容であることを確認する。空所イの後ろに「子どもがそんなにうるさい時に、ビジネスの話をするのは不可能だと言ったことがある。」とあるので、「**実際は、話したことがある**」となる② **Indeed が正解**と判断する。

[　ウ　]
①確かに　　②本当に　　③確実に　　④全体的に

　空所ウの前ではミドリが「今日の会議の後に、あなたたち2人が一緒に座っているのを見て驚いている」と言っている。それに対して、ウの後ろでウィレムが「なぜそうなの？（驚いているの？）」と問いかけ、さらにミドリが「あなたの問題に対するマーティンの返答は、かなり率直だった。だから、あなたは彼の発言に対してかなり動揺しているようだった」と続く。したがって、「**本当に？**　なぜそうなの？（驚いているの？）」となる②**Really**を入れると、文脈に合うので正解と判断する。①、③はほぼ同じ意味で、「確実に？」では文脈がつながらない。④も文脈がつながらない。

[　エ　]
①わくわくする　②面白い　③可能な　④真実の

　空所エの前でウィレムが「彼が私に関して言ったことを聞くのはいい気分ではなかったけど、彼の率直で正直な意見に感謝している。それがオランダの文化でのコミュニケーション方法なんだ」と言っていることを確認する。エの後ろで「日本の文化ではもっと間接的だ」とあるので、②**Interesting**「興味深い」を入れると、**文化の相違を興味深くとらえている文脈に合うので、正解と判断する。**①のExciting「わくわくする」は、文化の相違をとらえる表現としてはふさわしくない。③も文脈に合わない。④のTrueは、True 〜, but ….「確かに〜だけど、…」のように譲歩、逆接の展開で使う表現。

問2

(1) 私をいらいらさせる
①わくわくする　　　　　　　②気分を害する
③言い訳をする　　　　　　　④やり方を教える

　下線(1)は、**drive O C**「OをCの状態に追いやる」が使われている。**drive me crazy**は「私をいらいらさせる」であり、**upset**「気分を害する」が使われている②が一番近いので、正解と判断する。

104

(2) ～に腹を立てた
① ～によって受け入れられた　　② ～に腹を立てた
③ ～に無視された　　　　　　　④ ～を恥ずかしく思った

> **解説**
>
> 　下線(2)は、**take offense to**「～に腹を立てる」の意味なので、**be angry with**「～に腹を立てる」の②が**正解**と判断する。元々**offense**は「侮辱」の意味で、「～に侮辱されたと受け取る」＝「～に腹を立てる」となった表現。

(3) まったくわからない
① 隠れた　　② 放っておかれる　　③ おびえた　　④ 知らない

> **解説**
>
> 　下線(3)の**in the dark**は文字通りには「暗闇の中で」という意味になる。比喩で使われると、暗闇にいるように「何も知らない」という意味になるので、④が**正解**と判断する。下線(3)の後ろから、マーティンが思う事情を伝えているので、I'm **not in the dark** when it comes to this situation「私はこの状況に関して言うと、**何も知らない**わけではない」と文脈上も問題ない。

(4) 驚いた
① 自信のある　　② 興味を持った　　③ 拒絶された　　④ 驚いた

> **解説**
>
> 　**be taken aback**で「驚く」の意味なので、④が**正解**と判断する。**aback**「帆が逆になって」は航海用語で、**風が吹いて帆が逆になった状態**から「驚いて」の意味になる。

(5) かなり率直な
① 率直な　　② 不誠実な　　③ 親切な　　④ はっきりしない

下線（5）は、**pretty** が副詞で使われて「**かなり**」の意味なので、**pretty frank** で「**かなり率直な**」となる。よって、①**direct**「率直な」が一番近い意味になるので正解と判断する。

▶会話の訳

この会話では、会社の重役が集まって、異文化間のコミュニケーションに関連した問題を話し合っており、意見を出しているところだ。その会議の後に、彼らは全員で夕食を食べに行く。

[会議にて]

ミドリ　：コミュニケーションのスタイルの違いが原因で、世界中から来たスタッフとコミュニケーションを取っている最中に、私たち全員が直面する問題があるよね。そこで、あなたから始めよう、ウィレム。あなたはオランダ出身で、以前、アメリカ出身のチームメンバーの1人とのコミュニケーションに問題を抱えていると言っていたね。

ウィレム：その通りです。私に説明させてください。1週間に一度、私はアメリカ人のプロジェクトリーダーと電話会議をします。しかし、アメリカとオランダの時差のせいで、彼女はたいてい家で電話を受けて、子どもが学校の準備をしているのと同時に、私と話しています。

ミドリ　：そう。子どもの世話と仕事を同時にこなすのにやっとだから、彼女にはそれは難しいにちがいないわ。私たちにもう少し詳細を教えてくれる？

ウィレム：了解。おわかりの通り、私たちが話すたびに、子どもたちが後ろでわめいているんです。そのせいで、私は気がおかしくなります！　こうした状況下で彼女のプロジェクトについて話すのは、実に不可能です。

ミドリ　：わかるよ。このことで、彼女に何か言ったことはある？

ウィレム：実際は、言ったことがあります。彼女に、子どもがそんなにうるさいときに、ビジネスの話をするのは不可能だと言ったことがあるんです。要するに、それは気が散ると言って、彼女に解決策を見つけるように頼みました。しかし、彼女の反応は、非常に否定的なものでした。私が言ったことに、彼女は実際に腹

を立てたと思います。

ミドリ　　　：うん。これは深刻な問題だね。誰かウィレムに助言はある？

マーティン：ええ、あります。私はウィレムをよく知っているのと、また
　　　　　　私も自分のプロジェクトチームにアメリカ人がいるので、この
　　　　　　状況に関して言うと、何も知らないわけではありません。基
　　　　　　本的に、指摘したい2つの要点があります。第1に、ウィレ
　　　　　　ム、あなたは融通が利かなくなっている。この女性が、子ど
　　　　　　もの学校の準備をする時間を変えるのは不可能だから、あな
　　　　　　たが彼女に電話をするベストな時間を考慮する必要がありま
　　　　　　す。2番目に、あなたがある状況下で、人付き合いに不安が
　　　　　　あるのを私は知っていて、これが良い例です。彼女が解決策
　　　　　　を見つけるように要求するだけではなく、あなたは、この問
　　　　　　題に対処する方法について考える必要がありますね。彼女は
　　　　　　最善を尽くして、自分の家族と仕事の責任に対処しています。

ウィレム　　：ああ、私は君のコメントにかなり驚いたけれど、君が言った
　　　　　　ことをしっかり考えたい。

　　会議の後の夕食で、ミドリはウィレムとマーティンが一緒に座って、笑
いながら話しているのを見ている。

［夕食で］

ミドリ　　　：わあ！　今日の会議の後に、あなたたち2人が一緒に座って
　　　　　　いるのを見て驚いているよ。

ウィレム　　：本当？　なぜですか？

ミドリ　　　：ええと、あなたの問題に対するマーティンの返答は、かなり
　　　　　　率直だった。だから、あなたは彼の発言に対してかなり動揺
　　　　　　しているようだったわ。あるいは、私がその状況を間違って
　　　　　　解釈していただけなのかも。

ウィレム　　：その通りです。彼が私に関して言ったことを聞くのは良い気
　　　　　　分ではありませんでした。しかし、私は彼の率直で正直な意
　　　　　　見に、本当に感謝しているんです。とにかく、それが私たち
　　　　　　オランダの文化でのコミュニケーションの方法です。

ミドリ　　　：面白いね。私の日本の文化では、私たちはずっと間接的だ
　　　　　　よ。特に不快な感情を引き起こす可能性のある場合は、私た
　　　　　　ちは思ったことを率直に言わない傾向にあるわ。

マーティン：今日は、私たちが全員互いのコミュニケーションのスタイル
　　　　　　について多くを学んだようですね。

名 executive	重役
動 meet	集まる
形 intercultural	異文化間の
名 feedback	意見
熟 due to	～が原因で
動 mention	～と言う
会 Exactly.	その通り。
名 conference call	電話会議
熟 at the same time as	～と同時に
動 yell	わめく
名 background	背景
熟 drive O crazy	Oをいらいらさせる
名 condition	状況
名 distraction	気を散らす物
名 solution	解決策
熟 take offense to	～に腹を立てる
名 input	助言
熟 in the dark	何もわからない
熟 when it comes to	～ということになると
形 inflexible	融通が利かない
熟 prepare for	～の準備をする
形 ill-at-ease	不安な
動 approach	～に対処する
熟 cope with	～に対処する
名 responsibility	責任
熟 be taken aback at	～に驚く
熟 reflect on	～を熟慮する

名 session	会議
形 upset	動揺して
動 appreciate	感謝する
形 indirect	間接的な

😊 第8問 口頭チェックテスト

Q 1 □	company executives の意味は？	A 会社の重役
Q 2 □	Exactly. の意味は？	A その通り。
Q 3 □	conference call の意味は？	A 電話会議
Q 4 □	It drives me crazy. の意味は？	A そのせいで私はいらいらする。
Q 5 □	take offense to の意味は？	A ～に腹を立てる
Q 6 □	in the dark の意味は？	A 何もわからない
Q 7 □	ill-at-ease の意味は？	A 不安な
Q 8 □	be taken aback at の意味は？	A ～に驚く

第 **3** 章

ハイレベル会話問題を
攻略する！！

- 早稲田大、慶応大、上智大、青山学院大などの難関私大や旧帝大に代表される難関国公立大では、ハイレベルな会話問題が出題されます。第1章、第2章で学んだ知識をブラッシュアップして、さらに高度な会話表現を覚えていきましょう。そして、問題演習を通じて解答の精度を高めていきましょう。

ハイレベル会話問題を攻略する！！

第 **01** 問

正解 1.③ 2.① 3.② 4.③ 5.①

▶選択肢の訳と解説

1.

①いつも ②～しない ③決して～ない ④よく

> **解説**
>
> 　空所の後ろのceases to amazeと選択肢の③から、**never cease to amaze O**「たえずOに驚きを与える」を推測する。cease to do「～しなくなる」にneverが付いて、「～しなくなることは決してない」＝「たえず～する」の二重否定の表現。「ここ日本では、電車がどれほど時間に正確で、清潔であるかは、**たえず私を驚かせる。**」と意味も通るので、③**が正解。**①、④は意味が通らない。②は、doesn'tの後ろに動詞を置く場合はceaseと原形にする。

2.

①かなりの ②少数派の ③とても ④間違った

> **解説**
>
> 　空所2の前後のa、share ofと選択肢の①から、**a fair share of**「～のかなりの割合」を推測する。「乗客の大多数は思いやりがあるが、中にはそうでない人たちも**かなりの割合**でいる。」と意味も通るので、①**が正解。**空所2の後ろのaren'tの後ろに、considerateが省略されていることに注意する。②は、意味は通りそうだが、shareの前に置いては通常使わない。minority shareとすると「少数株主」という意味になる。④も意味が通らない。

3.

①許した　　②禁止した　　③拒絶した　　④思った

> **解説**
>
> 　空所の前後のis、fromと選択肢から、**prohibit O from doing**「Oが〜するのを禁止する」の受動態である**O' be prohibited from doing**「O'は〜するのを禁止される」を推測する。「誰もそこに座ることが<u>禁止されて</u>いないので、困っている人を見たら、自分たちの座席をすぐにゆずるだろうと、私は単に思い込んでいた。」と意味も通るので、②**が正解**。①は be allowed to do「〜することが許される」で使う。③はrefuse to do「〜するのを拒絶する」で使う。④はbe supposed to do「〜することになっている」で使う。

4.

> **解説**
>
> 　選択肢から、**the benefit of the doubt**「疑わしきは罰せず」を推測する。**give 〜 the benefit of the doubt**で「〜に疑わしきは罰せずを与える」＝「〜を好意的に解釈する」と訳す。「あなたはいつも、みんなを<u>好意的に解釈する</u>人だった。」で文脈も合うので③**が正解**。他の選択肢は、冠詞や複数形が間違っているので正解にはならない。

5.

①悩ませる　　②作る　　③気にする　　④喜ばせる

> **解説**
>
> 　空所の前のdon't let itと選択肢から、**Don't let it bother you.**「**それにあなたを悩ませてはいけない。**」＝「**気にする必要はない。**」を推測する。空所の前後がIとmeなので、I don't let it bother me.「私は気にしない。」の意味になる。「確かに、私は誰かの枕になりたくて電車に乗ってはいないが、たいていは席に座れるだけでとてもうれしいので、**気にしない。**」と意味も通るので、①**が正解**。他の選択肢は、前後の表現と結び付かない。

113

▶会話の訳

　与えられた箇所で言葉が取り除かれた次の会話を読みなさい。後の選択肢から、数字の振られたカッコを埋めるのに最適な①～④の単語やフレーズを選びなさい。

エミリー：ナオ、ここ日本では、電車がどれほど時間に正確で、清潔であるかは、たえず私を驚かせるわ。乗客も、ぎゅうぎゅう詰めのラッシュアワーの電車でさえいつもとても礼儀正しく見える。

ナオ　　：ええ、日本の電車が時間に正確なのはとても有名だし、乗客の大多数は思いやりがあるけど、中にはそうではない人たちもかなりの割合でいるよ。

エミリー：本当？　冗談でしょう。

ナオ　　：本当だよ。明らかに他の座席が空いているのに、優先席に座っている人を見たことがあるでしょう。隅が明らかに車両の一番混んでいない場所で、座るのにもっとも快適な場所になる。

エミリー：時にはそうかもしれないけど、誰もそこに座ることが禁止されていないから、困っている人を見たら、自分たちの座席をすぐにゆずるだろうと、私は単に思い込んでいたよ。

ナオ　　：ああ、エミリー、私がそんなに寛大であったらなあと思う。あなたはいつも、みんなを好意的に解釈する人だったね。他の人がまだ降りている間に、電車に急いで乗る人はどう思う？　それが起きているのを見たことがないとは言わないよね。

エミリー：ええ、私はときおりそれを目撃しているのを認めなければいけない。けれど、それが他国でどれくらい起こっているかに比べると、さほど問題ではないわ。

ナオ　　：まさにあなたの言う通り。私がいらいらするもう1つのことは、誰かがうたた寝を始めて、私にずっと寄りかかってくる時だな。

エミリー：確かに、私は誰かの枕になりたくて電車に乗っているのではないけど、たいていは座れるだけでとてもうれしいから、気にしないな。電車で昼寝することは、ここでは昔からある伝統のように思える。

ナオ　　：その通り！

動 delete	削除する
名 parentheses	カッコ
熟 never cease to amaze O	たえずOに驚きを与える
形 punctual	時間を守る
名 passenger	乗客
副 extremely	極端に
形 packed	詰まった
副 definitely	明確に
名 majority	大多数
形 considerate	思いやりのある
熟 a fair share of ～	かなりの割合の～
会 You could have fooled me.	冗談でしょう。
会 Come on.	本当だよ。
名 priority seat	優先席
名 corner	すみ
形 crowded	混雑した
名 carriage	車両
熟 on occasion	ときおり
熟 be prohibited from doing	～することが禁止される
動 assume	思い込む
形 forgiving	寛大な
熟 give O the benefit of the doubt	Oを好意的に解釈する
熟 every now and then	ときおり
動 witness	目撃する
動 pale	かすむ
熟 in comparison to	～と比べると

第3章 ハイレベル会話問題を攻略する!!

115

熟 doze off	うたた寝をする
熟 lean on	～に寄りかかる
名 pillow	枕
熟 Don't let it bother you.	そんなことで悩まないで。
動 nap	昼寝をする
形 time-honored	昔からの
会 You can say that again.	その通り。

😊 第1問 口頭チェックテスト

Q 1 □	You could have fooled me. の意味は？	A 冗談でしょう。
Q 2 □	give O the benefit of the doubt の意味は？	A Oを好意的に解釈する
Q 3 □	doze off の意味は？	A うたた寝をする
Q 4 □	lean on の意味は？	A ～に寄りかかる
Q 5 □	Don't let it bother you. の意味は？	A そんなことで悩まないで。
Q 6 □	You can say that again. の意味は？	A その通り。

正解　(1) (a)　(2) (g)　(3) (k)　(4) (j)　(5) (f)　(6) (d)　(7) (c)

(1)

解説

空所1の前後のit's been、sinceと選択肢の（a）から、**It's(= It has) been ages since 〜.**「〜以来久しぶりだ」を推測する。「大学であなたに会って以来、久しぶりだね。」と意味も通るので、**(a) が正解。**

(2)

解説

空所2が What have you been busying yourself with these days?「あなたは最近何で忙しかったの？」に対する返答であることを、まずはおさえる。空所の前のNothingと選択肢の（g）から、**Nothing in particular.**「特に何もない」を推測して、意味も通るので、**(g) が正解。**

(3)

解説

空所3の前後のnothing、couldと選択肢の（k）から、**Nothing short of A can do.**「Aしか〜できない」を推測する。「大きな不幸しかあなたを講堂から遠ざけることはできない」と意味も通るので、**(k) が正解。**

(4)

解説

空所の前のone of theから、**one of the 最上級＋複数名詞「もっとも〜なうちの1人」**を推測して、**(j) を正解**と判断する。**erudite**「博識な」は「知識が豊富な」の意味で、フィロの第4発言の「私の祖父が最近古文書のコレクションを手に入れて、すべてエジプトを起源としていて、素晴らしい状態にあるものだ。」からも、「博識な」ことがわかる。

(5)

解説

　空所の前後にカンマがあることから、副詞句を挿入することを推測する。(f) と (g) に選択肢は絞られるが、(g) は (2) で使用しているので、**(f) の for better or for worse「良くも悪くも」**が正解と判断する。「**良くも悪くも**今週私が大学から離れていたのは、この祖父が原因だったんだ。」と意味も通る。

(6)

解説

　空所の前後の my grandfather, a collection of ancient manuscripts から、それぞれ文の S、O と判断できるので、**空所には V を入れる**と推測する。S が my grandfather であることから、3単現の s に注意する。(d)、(e)、(l) が動詞だが、(e) は3単現の s が付いていないので、正解の候補から外す。**(d) came by** は「**手に入れた**」、(l) stumbled out of は「よろめきながら～から出てきた」から、上記の S、O に合うのは「手に入れた」になるので、**(d) が正解**と判断する。

(7)

解説

　空所の前後の spent、decoding から、spend O doing「O を～するのに費やす」を推測する。空所の前が冠詞の the なので、名詞に続く形の (c)、(i)、(k) に正解の候補を絞る。(i) は「先週長い時間」とするなら a long time last week とするので、空所の前の the と矛盾する。(k) は short「短編小説」などの意味になるため空所に入れても意味が通らない。**(c) ならば、the better part of last week「先週の大半」**と意味も通るので、正解になる。**the better part of ～「～の大部分」**をおさえておく。

　各空所（1～7）に語群（a～m）から、最も適切な単語やフレーズを選びなさい。解答用紙に選んだものを書きなさい。

ソクラテス：私の親愛なる友人のフィロ、大学で会ってから久しぶりだね！　あなたは最近何で忙しかったの？

フィロ　　：残念だけど、特に何があったわけでもないよ。

ソクラテス：まあまあ。私はあなたを誰よりも知っているし、大きな不幸しかあなたを講堂から遠ざけることはできないと十分に把握している。

フィロ　　：ええと、どうしても知りたいなら、私の高齢の祖父に関係するものだ。私の父方の祖父のことだよ。

ソクラテス：ああ、私はその人を知っている。彼は私たちの街が、いてくれることを今まで喜びとしてきた博識の紳士の1人だ。

フィロ　　：確かにそうだね。さて、私が言っていたように、良くも悪くも今週私が大学から離れていたのは、この祖父が原因だったんだ。

ソクラテス：わが友よ、どうして？　教えて。

フィロ　　：ええと、実は、私の祖父が最近古文書のコレクションを手に入れて、すべてエジプトを起源としていて、素晴らしい状態にあるものだ。そして私は－

ソクラテス：そしてあなたは先週の大半を象形文字の解読に費やした。そうだよね？

フィロ　　：その通りだよ。

語彙 🎧 Track 59

会 It's been ages since ～.	～以来久しぶり。
熟 busy oneself with	～するのに忙しく過ごす
会 Nothing in particular.	特に何もない。
会 **Come now.**	**まあまあ。**
熟 Nothing short of A can do.	Aしか～できるものはない。
名 disaster	災害、大きな不幸
熟 if you must know	どうしても知りたいなら

熟 **have to do with**	～と関係がある
形 **elderly**	年長の
名 **grandfather**	祖父
名 **fellow**	人
形 **erudite**	博識な
熟 **call one's own**	所有する
熟 **for better or for worse**	良くも悪くも
熟 **as it happens**	実は
名 **ancient manuscript**	古文書
形 **superb**	素晴らしい
熟 **the better part of ～**	～の大部分
動 **decode**	解読する
名 **hieroglyph**	象形文字
会 ***Guilty as charged.**	その通り。

　*Guilty as charged.は元々裁判で使われていた表現で、「告訴された通り、有罪」から、相手の疑いに対して「その通り。」と認める表現になります。

第2問 口頭チェックテスト

Q 1 □	**Nothing short of A can do.** の意味は？	A Aしか～できない。
Q 2 □	**if you must know** の意味は？	A どうしても知りたいなら
Q 3 □	**call one's own** の意味は？	A 所有する
Q 4 □	**as it happens** の意味は？	A 実は
Q 5 □	**the better part of ～** の意味は？	A ～の大部分
Q 6 □	**Guilty as charged.** の意味は？	A その通り。

正解

設問1

(1) (e)　　(2) (c)　　(3) (g)　　(4) (b)　　(5) (h)

設問2

(イ) (c)　　(ロ) (a)　　(ハ) (c)　　(ニ) (c)　　(ホ) (b)

▶選択肢の訳と解説

設問1

(a) すべてうまくいきますように。　(b) それに感謝いたします。
(c) あなたが気にしないことを願います。　(d) もう数点あります。
(e) こちらこそ。　(f) 私もそうしました。
(g) それは理解できる。　(h) 私たちは基本的なことを終えた。
(i) それは大丈夫ですか？　(j) 冗談でしょう！

(1)

解説

　空所1は、「とうとうあなたに会えてとてもうれしい。」に対する返答であることを、まずはおさえる。空所1の後ろは、「あなたに直接会えるのを、本当に楽しみにしていた。」から、**私もあなたに会えてうれしい**という趣旨の返答を予測する。**(e) Likewise.**「**こちらこそ**。」が、この趣旨に沿うので、**(e) が正解**と判断する。

(2)

解説

　空所2の後ろがNot at all. I agree it's important.とあることから、Not at all.は、「まったく気にしないからどうぞ。」という肯定の内容であることを推測する。それをふまえて、**(c) I hope you don't mind.**「**あなたが気にしないことを願います**。」を入れると、「全然気にしないわ。それが重要だということに同意するよ。」で文脈も合うので、**(c) が正解**。

(3)

　空所3の前が「もっとも、明らかに試験期間の前に自分が遅くまで起きているのは目に見えているけど。」で、後ろが「あなたは、かなりきついスケジュールになると思う。」とあるので、「**その通りだね。**」という**前文を肯定する趣旨の表現**が入ると予測する。**(g) That's understandable.**「**それは理解できる。**」が、前文を肯定する表現なので、正解と判断する。

(4)

　空所4の前のジュリアの発言「友人を作って、特に週末に、時々ここに連れてきたいと思う。念のため言っておくけど、うるさくはしない。初めにあなたに確認して、必ずあなたの予定を邪魔しないようにする。」は、リリィにとって、配慮のあるありがたい内容なので、**(b) I'd appreciate it.**「**それに感謝いたします。**」が正解と判断する。I'dはI wouldの短縮形。

(5)

　空所5は、ジュリアの「私たちは、それが起こったときに対応しよう。今それについて悩んでも無駄だわ。他に何かある？」という発言に対する返答であることを、まずはおさえる。文脈上、（d）と（h）に正解の選択肢を絞ることができる。空所5の後ろの「私たちは大きな問題はないように思える。」から、（d）Just a few more points.「もう2、3点」ではなくて、**(h) We covered the basics.**「**私たちは基本的なことを終えた。**」が正解と判断する。

設問2

（イ）

（a）体系的に分析する	（b）〜に従う
（c）おさらいする	（d）脇に置く

「いくつかのルールと私たちの日課を〜する良い機会だと思う」から、(a) と (c) に正解の候補を絞り込む。リリィの第1発言から、2人はルームメイトだとわかるので、ルールや日課を分析するよりも、「**おさらいする**」ことで、トラブルを解消しようとしていると理解して、**(c) を正解**と判断する。go over には「調べる」の意味に加えて、「**おさらいする**」の意味もあることをおさえておく。

(ロ)

(a) それは良い手配になるだろう
(b) それは熱狂的に受け入れられるだろう
(c) それは重要な課題を提示するだろう
(d) それは緊急の解決策を要求するだろう

解説

　下線 (ロ) は、「**それはとてもうまくいくだろう**」の意味。that は、1つ前のリリィの発言の「時間帯の早いクラスに登録して、合理的な時間帯に1日をスタートさせる」ことを意味するので、**(a) の arrangement「手配」が一番近く、正解**と判断する。下線 (ロ) の work out を「解決する」ととらえると、(d) の solution「解決策」が近いように思えるが、urgent「緊急の」問題ではないし、require「要求する」わけでもない。(b) の「熱狂的に受け入れられる」、(c) の「重要な課題」は文脈に合わない。

(ハ)

(a) たくさんの電話がかかってくること　(b) 頻繁に外出すること
(c) 多くの客を受け入れること　(d) 定期的に旅行すること

解説

　下線 (ハ) に対するジュリアの返答で「友達をつくって、ここに連れてきたい」とあるので、(ハ) は、「**人をたくさん呼ぶこと**」の意味になることをおさえる。**have O over** で「**O を家に呼ぶ**」が使われていることに注意する。「人をたくさん呼ぶ」とは、「たくさんの客を受け入れる」ことなので、**(c) が正解**。

（二）

(a) 私たちは、自分のライフスタイルを再考しなければならないだろう。

(b) 私たちは、道路を渡って買い物をする必要があるだろう。

(c) 私たちは、適切な時にそれについて再び話すだろう。

(d) 私たちは、今からこの問題に取り組むだろう。

解説

　下線（二）の後ろの文がNo point worrying about it **now.**「今、それについて悩んでも無駄だわ。」なので（二）は「**適切な時に**、それを考えよう。」と推測できる。よって、**(c) We'll talk about it again at the appropriate time.** が正解と判断する。（二）**We'll cross that bridge when we come to it.**「私たちは、それが起こったときに対応しよう。」という意味になる。下線（二）のwhen we come to itが（c）のat the appropriate timeに、cross that bridgeがtalk about itにそれぞれ相当することを理解する。(a) の「ライフスタイルを再考する」とは言及されていない。(b) の「買い物をする」という話でもない。(d) はfrom now on「今からずっと」がwhen we come to it「実際にその問題に出くわしたら」と矛盾する。

（ホ）

(a) 私たちの会話は大して役に立たない

(b) 私たちのライフスタイルは、かなりうまが合う

(c) 私たちは親しい友人になるだろう

(d) 私たちは自分たちの違いを、もう少し話し合わなければならないだろう

解説

　下線（ホ）は、「私たちは主要な問題はないだろう」で、ルームメイトとして生活するのに問題がないことを意味するとわかるので、(b) と(c) に正解の候補を絞ることができる。**下線（ホ）は、ルームメイトとして、うまくいくこと**を意味するので、(c) の単純に「親しい友人になる」ではなくて、**(b) の lifestyle が compatible「一致している」**が正解と判断する。

124

リリィとジュリアは大学の新入生だ。彼女たちは大学の寮に入る引っ越しの作業中だ。

リリィ　：こんにちは、あなたはジュリアだよね。私はリリィで、あなたのルームメイトだよ。

ジュリア：やあ！　とうとうあなたに会えてとてもうれしい。

リリィ　：こちらこそ。あなたに直接会えるのを、本当に楽しみにしていたんだ。まずは上に上がって、部屋をきちんと調べてすべてがうまくいくかを確認してみようよ。

ジュリア：いいね。

（数分後に部屋に入る）

リリィ　：いい感じだね！　この景色を気に入ったし、予想していた以上に実際は大きい。ねえ、これはいくつかのルールと私たちの日課をおさらいする良い機会じゃないかと思うの。構わないかな？

ジュリア：構わないわ。それが重要だと私も思うよ。今学期のあなたのスケジュールはどうなる予定？

リリィ　：ええと、私は朝型人間じゃないけど、朝早い授業をたくさん登録した。それがきっかけで、強制的に私が合理的な時間で1日を始めたり、時間をより良く管理できたりしたらいいなと思う。

ジュリア：実際に、それはとてもうまくいくだろうと思う。私も朝早いスケジュールにしがちだ。もっとも、明らかに試験期間の前に自分が遅くまで起きているのがわかるけど。

リリィ　：それはわかるわ。あなたは、かなりきついスケジュールになると思う。けど、もし本当に遅くなるなら、上の階に24時間使える共有の勉強部屋がある。実際に、数回おそらく徹夜するでしょう。ところで、あなたは人をたくさん呼ぼうと思っている？

ジュリア：私はまだ、街の誰も知らないので、友人を作って、特に週末に、時々ここに連れてきたいと思う。念のため言っておくけど、うるさくはしない。初めにあなたに確認して、必ずあなたの予定を邪魔しないようにする。

リリィ　：ありがとう。私の友人の多くが、モントリオールを訪れることを考えている。滞在中はほとんどホテルにいるだろうけど、時々ここに滞在してもいい？

ジュリア：うーん、この場所はちょっと狭いよね。彼らはどこで寝る予定

なの？

リリィ　：ああ、それについてまだ考えてなかったけど、たぶん床に寝袋をいくつか広げると思う。とにかく、頻繁になることは全くないでしょうけど。

ジュリア：うん、聞いて。私たちは、それが起こったときに対応しよう。今それについて悩んでも無駄だわ。他に何かある？

リリィ　：私たちは基本的なことは取り上げたわ。私たちは大きな問題はないように思える。あなたのお父さんがすべて部屋に持ってくるのを手伝おう。

語彙 Track 60

名 freshman	（大学の）新入生
名 residence	寮
会 Likewise.	こちらこそ。
熟 in person	直接
名 opportunity	機会
熟 go over	調べる、おさらいする
名 routine	日課
名 semester	学期
熟 register for	～に登録する
熟 a bunch of	たくさんの～
形 reasonable	合理的な
熟 work out	うまくいく
副 obviously	明らかに
名 session	期間
熟 stay up late	遅くまで起きている
形 tough	きつい
副 upstairs	上階に
熟 pull all-nighters	徹夜する

熟 by the way	ところで	
熟 have O over	Oを家に呼ぶ	
熟 once in a while	時々	
熟 on weekends	週末に	
熟 mind you	念のため言っておくけど	
熟 interfere with	～を邪魔する	
動 appreciate	感謝する	
動 spread	広げる	
名 sleeping bag	寝袋	
熟 at any rate	とにかく	
会 We'll cross that bridge when we come to it.	私たちは、それが起こったときに対応しよう。	
会 No point doing ～.	～しても無駄だ。	
会 We covered the basics.	私たちは基本的なことは終えた。	

第3問 口頭チェックテスト

Q1 ☐	in person の意味は？	A 直接
Q2 ☐	pull all-nighters の意味は？	A 徹夜する
Q3 ☐	have O over の意味は？	A Oを家に呼ぶ
Q4 ☐	We'll cross that bridge when we come to it. の意味は？	A 私たちは、それが起こったときに対応しよう。
Q5 ☐	No point doing ～. の意味は？	A ～しても無駄だ。

正解	(1) **(k)**	(2) **(b)**	(3) **(d)**	(4) **(h)**
	(5) **(c)**	(6) **(g)**	(7) **(a)**	

▶選択肢の訳と解説

(a) 100万年	(b) 安心	(c) あえて〜する
(d) 使い走り	(e) 運動	(f) ここで
(g) 痛む	(h) 私たちの息	(i) 回顧
(j) ストレス	(k) 厳密に	(l) その猫
(m) 仕事		

(1)

解説

空所1の前のエドガーの発言で「私たちはいつまでに、出ていかなければいけないんだ？　午後5時？」と質問している。それに対してアデレードが「深夜まで」と、正確に答えているので、**(k) technically**「厳密には」が正解と判断する。

(2)

解説

空所2の前のアデレードの発言「私たちは作業が終わったら鍵をポストに置いておけばいい。誰も確認しないだろう。」は、自分たちが退去する期限を気にするエドガーにとっては、安心させる材料なので、**(b) that's a relief.**「それは一安心だ。」が正解。

(3)

解説

空所3の前のrunningと選択肢から、**run errands**「使い走りをする」を推測する。「私の友人は今使い走りをしているが、まもなく私たちを手伝ってくれるだろう。」と意味も通るので、**(d)** が正解。

(4)

> **解 説**
>
> 　空所4の前のcatchと、選択肢の（h）から、**catch one's breath**「一休みする」を推測する。アデレードの発言は、引っ越しで大変だけど、「まもなく友人が手伝いに来てくれるから、そのときまで**一休みしておこう。**」と意味も通るので、（h）が正解と判断する。**catch one's breath**には、「一休みする」以外にも、「**（驚きなどで）息をのむ**」の意味があることも、おさえておく。

(5)

> **解 説**
>
> 　空所5の発言は、飼い猫を探している際、アデレードの「引っ越し業者の1人が、そのドアを開けたのかも…」に対する返答であることを、まずはおさえる。空所の前の**They wouldn't**と選択肢の（c）から、**They wouldn't dare!**「彼らはあえてやらない（＝ドアを開けない）だろう！」を推測して、文脈も合うので、（c）が正解。

(6)

> **解 説**
>
> 　空所6の前のエドガーの発言の「どうやったら彼女（猫）がそこに入れるの？　とてもきつく閉まってる。」を、まずはおさえる。空所の前後のit wouldn't とto lookから、**it wouldn't hurt to do ～**「**～することは痛まないだろう**」＝「**～しても損はないだろう**」を推測する。「たぶんいないだろうけど、**見ても損はないだろう**」で、意味も通るので、（g）が正解。

(7)

> **解 説**
>
> 　空所7の前に前置詞のinがあるので、名詞や動名詞を推測する。（a）、（e）、（i）、（j）、（l）、（m）を正解の候補に絞る。空所の前のneverと（a）から、**never in a million years**「**百万年経っても決して～しない**」＝「**絶対に～しない**」を推測する。「彼女がそこに入るとは**絶対に想像しなかった。**」と意味も通るので、（a）が正解。

▶会話の訳

　　各空所（1〜7）に、a〜mの語群から最も適切な単語やフレーズを選びなさい。

アデレード：すべて運び出したわ。あとは、部屋を掃除して、鍵を返すだけよ。

エドガー　：僕たちはいつまでに、出て行かなければいけないんだ？　午後5時？

アデレード：厳密には深夜までにだけど、作業が終わったら鍵を収納箱に置いておけばいいわ。誰も確認しないでしょう。

エドガー　：ああ、それは一安心だ。

アデレード：私の友人は今使い走りをしているけど、まもなく私たちを手伝ってくれるでしょう。そのときまで一休みしておきましょう。

エドガー　：ああ、待って……僕たちは最近猫を見たかな？

アデレード：彼女はどこかに隠れているにちがいないね。子猫のティラミスちゃん？　どこにいるの？

エドガー　：ティラミス？　ティラミス？

ー30分後

アデレード：彼女がいなくなった！　私たちはあらゆるところを探したわ。引越し業者がここにいる間に、彼女は逃げたのかな？

エドガー　：まさか！　僕たちは寝室の中に彼女を閉じ込めておいたんだよ。

アデレード：引越し業者の1人が、そのドアを開けたのかも……

エドガー　：彼らはあえてそんなことをしないだろう！

アデレード：ちょうど頭に浮かんだんだけど…、あなたは台所の銀製食器を入れる引き出しの中を見た？

エドガー　：どうやったら彼女（猫）がそこに入れるの？　とてもきつく閉まってる。でも、ダメもとで見てみよう。あ、ここにいた！　彼女がそこに入るとは、絶対に想像もしなかっただろう。彼女はどうやって……

アデレード：引き出しの後ろが、完全には密封されていなかったんだわ。彼女はその後ろから飛び乗ったにちがいないね。

エドガー　：ティラミス、お前は小さいトラブルメーカーだね！　僕たちが呼んだときに返事してくれたらよかったのに！

アデレード：わかってる？　あなたが話しているのは子猫なのよ……

会 All we have to do is (to) do 〜.	私たちは〜しさえすればよい。	
熟 clear out	立ち去る	
副 technically	厳密には	
熟 after hours	営業時間後に	
名 relief	安心	
熟 run errands	使い走りをする	
熟 catch one's breath	一休みする	
名 kitty	子猫	
名 mover	引越し業者	
会 No way!	まさか！	
動 lock	閉じ込める	
動 dare	あえて〜する	
熟 occur to	（考えが）〜の頭に浮かぶ	
名 silverware	銀製食器	
名 drawer	引き出し	
副 tightly	きつく	
会 It wouldn't hurt to do 〜.	〜しても損はないだろう。	
熟 never in a million years	絶対に〜ない	
動 seal	密封する	
名 troublemaker	トラブルメーカー	

第3章 ハイレベル会話問題を攻略する!!

131

Q 1 □	technicallyの意味は？	**A** 厳密には
Q 2 □	That's a relief. の意味は？	**A** それは一安心だ。
Q 3 □	run errandsの意味は？	**A** 使い走りをする
Q 4 □	catch one's breathの意味は？	**A** 一休みする
Q 5 □	No way! の意味は？	**A** まさか！
Q 6 □	dareの意味は？	**A** あえて〜する
Q 7 □	occur toの意味は？	**A** （考えが）〜の頭に浮かぶ
Q 8 □	silverwareの意味は？	**A** 銀製食器
Q 9 □	tightlyの意味は？	**A** きつく
Q 10 □	It wouldn't hurt to do 〜.の意味は？	**A** 〜しても損はないだろう。
Q 11 □	never in a million yearsの意味は？	**A** 絶対に〜ない

正解	(1) (g)	(2) (h)	(3) (d)	(4) (j)
	(5) (i)	(6) (a)	(7) (b)	

(1)

> **解説**
>
> 空所1の前後で、「やあボブ、〜？　なぜそんなにうれしそうなの？」とあるので、「どうしたの？」を意味する英語表現が入ると予測する。よって、**(g) what's up?**「どうしたの？」が正解。

(2)

> **解説**
>
> 空所2は、ボブの「僕たちと来たい？」に対する返答であることをおさえる。次の文でも I always love (　　) with you. から、「あなたと遊ぶのは楽しいから、**ぜひ一緒に行きたい**」という内容を推測して、**(h) you bet**「もちろん」が正解。bet は元々は「賭ける」の意味で、**You bet.**「**あなたはお金を賭けてもいいくらい確実だよ。**」＝「**もちろん。**」となった表現。

(3)

> **解説**
>
> 空所3は、ボブの「僕たちと来たい？」という誘いに対して Yeah と応じたあとの表現であることを、まずはおさえる。よって、「あなたと**外出することはいつも大好きだ**」という内容を推測して、**(d) が正解**。**hang out**「**ぶらぶらする**」をおさえておく。同じ動名詞の (f) は、「〜を持ち逃げする」なので、意味が通らない。

(4)

解説

　空所4の前のボブの発言The time changes tomorrow「明日時間が変わる」に対して、アリスはWait, what?「待って、何のこと？」と聞き返している応答を、まずは理解する。この文脈から、ボブは**アリスが知っているという前提で話している**ことを推測して、**(j) you know**「知っているよね」が正解と判断する。

(5)

解説

　空所5は、アリスの「故郷のアリゾナではサマータイムがない」に対する返答であることをおさえる。前後でReally「本当？」、That's surprising.「それは驚きだ。」とあることからも、空所には**驚いている表現**を推測する。よって、**(i) you don't say**「まさか」が正解になる。**You don't say.** は、元々**You don't say so.**「あなたはそのことを言ってないでしょ。」＝「**まさか、本当に？**」となった表現なので、おさえておく。

(6)

解説

　空所6は、ボブの発言の**Why is that?**「なぜそう（アリゾナではサマータイムを使用しない）なの？」に対する返答であることを、おさえる。空所の後ろでI suppose it's just too hot there.「そこが単に暑すぎるんじゃないかと思う。」と、thinkではなくて**根拠の薄いsuppose が使われている**ことから、アリスが理由をはっきりとは知らないことが推測され、**(a) beats me**「さっぱりわからない」が正解。元々**It beats me.**「それは私を打ち負かす。」＝「**それはさっぱりわからない。**」のItが省略された表現。

(7)

解説

　空所7の前に、「それだと大失敗になっていただろう。あなたは本当に私のピンチを救ってくれた。」とあり、サマータイムのことを忘れていたアリスが、**ボブの助言に感謝している**とわかるので、**Thanks for the tip.**「助言をありがとう。」となる（**b**）が正解。

▶**会話の訳**

それぞれの空所（1〜7）に、a〜mの語群から、最も適切な単語やフレーズを選びなさい。

アリス：あらボブ、どうしたの？　なぜそんなにうれしそうなの？
ボブ　：この街で明日開かれるスプリングフェスティバルに、すごく興奮してるんだ。僕たちと一緒に来たい？
アリス：ええ、もちろんだよ。私はいつもあなたと遊ぶのが大好きなの。
ボブ　：ありがとう。僕たちは駅で午前9時に待ち合わせなんだ。
アリス：良いね。じゃあ明日！
ボブ　：うん。ああ、ところで、今晩は時計を調整するのを忘れないで。知っていると思うけど、明日時間が変わるから。
アリス：待って、何のこと？
ボブ　：サマータイムだよ。君は寝る前に時計を調整しなければならないよ。
アリス：ああ、わかったわ。いつも忘れちゃう……故郷のアリゾナでは、サマータイムがないのよ。
ボブ　：本当？　まさか！　それは驚きだ。なぜそうなの？
アリス：ええと、私もさっぱりわからないわ。そこが単に暑すぎるんじゃないかと思う。余分な昼時間を設定しても、おそらくお金を節約できないのよ。また、その方がより簡単だしね。ところで、その仕組みはどうなってるの？　先にするの？　それとも遅らせるの？
ボブ　：「春は進めて、秋は遅らせる」だけを心に留めておいて。春には、僕たちは1時間少なくなる。もし君が今日の午前9時のつもりでいると、明日は1時間遅れちゃうよ。
アリス：それだと大失敗になっていたわ。あなたは本当に私のピンチを救ってくれたね。助言をありがとう。じゃあ明日！

語彙 Track 62

会 What's up?	どうしたの？
熟 be hyped about	〜に非常に興奮している
会 You bet.	もちろん。
熟 hang out	ぶらぶらする
形 awesome	とても良い

135

熟 meet up	落ち合う
会 Sure.	もちろん。
熟 by the way	ところで
動 adjust	調整する
名 daylight saving time	サマータイム
熟 have got to do	～しなければならない
会 You don't say.	まさか。
会 Beats me.	さっぱりわからない。
動 suppose	～と思う
形 extra	余分な
副 anyway	とにかく
副 forwards	前に
副 backwards	後ろに
熟 keep in mind	心に留める
熟 aim for	～を目指す
名 disaster	大惨事、大失敗
熟 save one's bacon	～のピンチを救う
会 Thanks for the tip.	助言をありがとう。

Q1 ☐	What's up? の意味は？	A どうしたの？
Q2 ☐	be hyped aboutの意味は？	A ～に非常に興奮している
Q3 ☐	You bet. の意味は？	A もちろん。
Q4 ☐	hang outの意味は？	A ぶらぶらする
Q5 ☐	awesomeの意味は？	A とても良い
Q6 ☐	meet upの意味は？	A 落ち合う
Q7 ☐	by the wayの意味は？	A ところで
Q8 ☐	You don't say. の意味は？	A まさか。
Q9 ☐	Beats me. の意味は？	A さっぱりわからない。
Q10 ☐	save one's baconの意味は？	A ～のピンチを救う
Q11 ☐	Thanks for the tip. の意味は？	A 助言をありがとう。

第3章 ハイレベル会話問題を攻略する!!

正解	[a]				
	(1) **1**	(2) **4**	(3) **2**	(4) **6**	(5) **3**
	(6) **7**	(7) **0**	(8) **5**		

	[b]				
	(9) **9**	(10) **4**	(11) **1**	(12) **7**	(13) **5**
	(14) **6**	(15) **8**	(16) **2**	(17) **0**	(18) **3**

▶選択肢の訳と解説

[a] (1)〜(8) のそれぞれの空所を埋めるために、下のリストから文を選びなさい。

0. 続けて、ぜひ聞かせて。
1. 絶好調だ。
2. 私は驚かないだろう！
3. ええと、そうじゃないかと思った。
4. ほとんど未定だ。
5. それは本当に目を見張るものだった！
6. それは珍しい組み合わせだ。
7. そこがあなたの偉いところだ。

(1)

解説

空所1は、エイミーとキャロルのやり取りで、「最近変わったことはない？」、「特にないわ。あなたはどう？」に対する返答であることを、まずはおさえる。自分の近況を伝える表現を探すと、**1. I couldn't be better.** 「絶好調だ。」が該当するので、正解と判断する。I couldn't be better. は、「今より良くはなりえない。」＝「絶好調だ。」という表現。6や7は、That が何を指しているのか不明なので、ここでは選ぶことができない。

(2)

　空所2は、What about you?「（どの授業を取るかについて）あなたはどう？」に対する返答であることを、まずはおさえる。空所の後ろの文のthoughに着目して、I'll probably take Professor Chang's course called "〜, " though.「たぶん『〜』というチャン教授の授業を履修すると思うけど。」と具体的な授業名を伝える内容と逆接関係にするには、未定である**4. It's mostly up in the air.**「ほとんど未定だ。」が該当するので正解と判断する。**up in the air**「空中を浮いて」＝「（予定や物事が）未定で」の意味。

(3)

解 説

　空所3の前で仮定法の表現が使われていることに着目する。「彼女は研究者になっていなかったら、コメディアンとして成功していたかもしれない。」に対する返答なので、同様に仮定法の**2. I wouldn't be surprised!**「私は驚かないだろう！」を入れると、**彼女がコメディアンとして成功しても驚かないだろう**」と文脈がつながるので、正解と判断する。空所の後ろのJoking「冗談」からも、やや現実離れした内容となることが推測でき、正解の根拠づけとなる。

(4)

解 説

　空所4の前のEntertaining and insightful!「面白いし、洞察力があるよね！」は、**いわゆる娯楽としても楽しめ、同時に知的であるという異質な組み合わせ**なので、**6. That's a rare combination.**「それは珍しい組み合わせだ。」が正解と判断する。

(5)

　空所5は、エイミーの「私が日本のアニメや漫画を見て育ったも同然だと、あなたに言ったっけ？」を受けての発言であることを、まずはおさえる。空所の後ろの「あなたの部屋は日本のものであふれている。」からも、**エイミーの発言を肯定する「そうだよね。」という意味の表現**を探す。**3. Well, I guessed as much.** は、「ええと、それと同じようなものだと思った。」＝「そうじゃないかと思った。」の表現が、前述の「**そうだよね**」という趣旨に近いので正解と判断できる。

(6)

　空所6は「あなたはいつも娯楽と学びを結び付けているよね！」に続く発言であることを、まずはおさえる。6と7が候補に挙がるが、6のa rare combinationは、やはり4のEntertaining and insightfulの直後の方がふさわしいので、**7. That's what I admire about you.** 「それは、私があなたに関して感嘆するところだ。」＝「そこがあなたの偉いところだ。」が正解と判断する。

(7)

　空所7が、エイミーのThere is a class I really want to take. 「私は本当に取りたい授業がある。」に対する返答であることを、まずはおさえる。特にthere be 構文の主語には、**相手が知らない情報、かつこれから話題の中心となる情報**が来るので、空所には「どんな授業なの？」と、**授業に関する興味を示す表現**が入ると予測する。**0. Go on, I'm all ears.** 「続けて、ぜひ聞かせて。」が、授業に関する興味を示す表現に最も近いので、正解と判断する。

(8)

> **解説**
>
>   空所8は、その前の「彼（ジョンソン教授）は昨年大学に来た、素晴らしい人だ！この前の学期に、偶然彼の授業を見つけた。」に続く発言であることを、まずはおさえる。**授業に対する感想が続くことを予測できれ**ば、**5. It was a total eye-opener!**「それは本当に目を見張るものだった！」が正解と判断できる。

▶**解説**

[b] (9)〜(18) のそれぞれの空所を埋めるために、下のリストから単語を選びなさい。

(9)

> **解説**
>
>   空所の前後のI'm fired、aboutから、**be fired up about**「〜に興奮している」を推測して、**9が正解**。文字通り、「**火で焚きつけられている**」＝「**とても興奮している**」という意味の熟語なので、おさえておく。

(10)

> **解説**
>
>   空所の前後のsociologist、trainingから、**S is 職業 by training.**「Sは訓練によって職業に就いている。」＝「Sは職業としての訓練を受けている。」を推測して、**4が正解**。

(11)

> **解説**
>
>   空所の後ろで、「彼女は、自分の分野では一流の学者らしい。」とあるので、エイミーの冗談を「**いったんわきに置いて**」という意味の表現が入ると推測できる。Jokingと選択肢の1を合わせて、**Joking aside**で「**冗談はさておき**」となるので、**1が正解**。

(12)

　空所の前のinsideと選択肢の7から、**inside out**「**完全に**」を推測する。前文の「彼女はその分野で一流の学者らしい。」の続きで、「彼女は本当にその科目を**完全に**知り尽くしている。」と意味も通るので、**7が正解**。

(13)

　空所の後ろのthe top of my headと選択肢の5から、**off the top of one's head**「頭の上から離れて」＝「（理屈で考えたものではなく）思いつきで言うと」を推測する。「**思いつきで言うと**、林教授の『〜』は面白そうだよ。」と意味も通るので、**5が正解**。

(14)

　空所の前のgrew upと選択肢の6から、**grow up on**「〜に基づいて成長する」＝「〜を見て大きくなる」を推測する。「私は、日本のアニメや漫画**を見て**育ったも同然だ。」と意味も通るので、**6が正解**。

(15)

　空所の後ろのthis dayと、選択肢の8から、**to this day**「今日に至るまで」を推測する。「**今日まで**日本の大衆文化が大好きなの。」と意味も通るので、**8が正解**。

(16)

　空所16は、後ろに名詞がないので、1語で使える副詞の**2 besides**「さらに」を推測する。「私は日本語を7年間勉強してきて、今ではどれほど上手なのかを確かめたい！**さらに**、私はアニメや漫画に飽きることがない。」と文脈に合うので、**2が正解**。

(17)

> **解説**
>
> 　空所の前のranと選択肢の 0 から、**run across**「〜に偶然出会う（見つける）」を予想する。「私はこの前の学期に、彼の『〜』を**偶然見つけた。**」と意味も通るので、**0 が正解**。run acrossは人以外に、物を偶然見つけるような文脈でも使えることをおさえておく。

(18)

> **解説**
>
> 　空所の後ろのbeliefと選択肢の3から、**beyond belief**「信じられないほど」を推測する。「本当に、あなたの乱雑さは、**信じられないほどだ！**」と意味も通るので、**3 が正解**。

▶会話の訳

　次の対話は、（1）〜（18）の印が付いた箇所で一部の用語や文が取り除かれている。下の（a）と（b）のリストから、数字の付いた空所に入る最も適切な用語や文をそれぞれ選びなさい。両方のリストでは、すべての選択肢を使用しなければならない。選択肢を使い全体で最も自然な会話を作ること。

エイミー：やあ、最近変わったことはない？
キャロル：特にないわ。あなたはどう？
エイミー：絶好調だよ。
キャロル：あなたはいつもエネルギーに満ちあふれているよね？　きっと新学年の準備ができているんだろうな。今学期はどの授業を取る予定なの？
エイミー：ええと、知っていると思うけど。まだ決めていないんだ。あなたはどう？
キャロル：ほぼ未定なんだ。もっとも、たぶん「東南アジア研究入門」というチャン教授の授業を履修すると思う。
エイミー：彼女について素晴らしいことを聞いたことがある。彼女は聡明で愉快なんだそうだよ！
キャロル：まさにそれで、その授業を取ることにテンションが上がってい

るのよ。ある友人が教えてくれたんだけど昨年の彼女の講義は
生徒をあまりにも笑わせていたので、彼らはやっとのことでノー
トをとっていたんだって。彼女はどこで独特のユーモアのセン
スを身に付けたのかな。

エイミー：彼女は社会学者としての教育を受けているよね？　彼女は研究
者になっていなかったら、ひょっとしたら、コメディアンとし
ても成功できたかもしれない。

キャロル：そうであっても、私は驚かないわ！　冗談はさておき、彼女は
自分の分野では一流の学者らしいよ。彼女は本当に、その科目
を完全に知り尽くしている。

エイミー：彼女のような先生がもっと多かったらなあ。

キャロル：面白いし、洞察力があるよね！　それは珍しい組み合わせだよ
ね。しかし、真面目に、私たちはそろそろ心を決めなくちゃ！
登録期間が終わるまでに、ほとんど時間がない。

エイミー：でも、選択するにはとても多くの授業があるよね。どこから始
めるべきかすらわからない。他のおすすめはある？

キャロル：うーんと、思いつきで言うと、林教授の「現代日本文化のジェ
ンダー論」が面白そうだよ。

エイミー：私は、日本のアニメや漫画を見て育ったも同然だと、あなたに
言ったっけ？

キャロル：ええと、そうじゃないかと思ったの。あなたの部屋は日本のも
のであふれているもの。

エイミー：正直に言うわ。私は、今日に至るまで日本の大衆文化が大好き
なの。

キャロル：それがあなたが来年の夏に日本に留学すると決めた理由？

エイミー：ええ。私は日本語を7年間勉強してきて、今ではどれほど上達
したのかを確かめてみたいの。それに、私はアニメや漫画に飽
きることがないわ！

キャロル：あなたはいつも娯楽と学びを結び付けているよね！　そこが、
あなたの偉いところだよね。

エイミー：ありがとう！　ああ、待って、ちょうど思い出した！　私が本
当に取りたい授業がある。

キャロル：続けて、ぜひ聞かせて。

エイミー：「デジタル世界での民主主義の哀退」というものよ。

キャロル：それはかなり気のめいるような感じだね。先生は誰？

エイミー：ジョンソン教授よ。彼は昨年大学に来た、素晴らしい人よ！私はこの前の学期に、彼の「ソーシャルメディアとデジタル民主主義の未来」という講義を偶然取ったの。それは、本当に目を見張るものだったよ。

キャロル：ええと、まずはそれね！

エイミー：ええ。私は少なくとももう3つ考える必要があるね。その間に、私は部屋の掃除もしなければならないわ。

キャロル：そろそろその時期ね。実を言うと、あなたの部屋は可愛いもので一杯だけど、それは見事に散らかっているもの。本当に、あなたの乱雑さは信じられない！

エイミー：もしあなたがそんな風に感じるなら、あなたが助けてくれると、めちゃくちゃありがたいのだけど！

語彙　Track 63

名 dialogue	対話
名 sentence	文
副 overall	全体で
会 What's new?	最近変わったことはない？
会 I couldn't be better.	絶好調だ。
熟 be full of	〜で一杯だ
熟 be ready for	〜の準備ができている
形 academic	大学の
名 semester	学期
会 You know me.	知っている通り。
熟 up in the air	未定で
名 introduction	導入
形 brilliant	優秀な
形 funny	愉快な
熟 be fired up about	〜に興奮している
副 barely	かろうじて

形 unique	独特の
名 sociologist	社会学者
熟 by training	～の教育を受けた
名 academic	研究者
熟 joking aside	冗談はさておき
形 leading	一流の
熟 inside out	完全に
形 entertaining	面白い
形 insightful	洞察力に富んだ
形 rare	珍しい
名 combination	組み合わせ
副 seriously	真面目に
熟 make up one's mind	決心する
名 registration	登録
名 suggestion	提案
熟 off the top of one's head	思いつきで言うと
形 fascinating	魅力的な
副 practically	ほぼ～、～も同然だ
熟 grow up on	～を見て（聞いて）成長する
会 I guess as much.	そうだと思う。
名 pop culture	大衆文化
副 besides	それに加えて
熟 can't get enough of	～に飽きることがない
会 Go on.	続けて。
熟 be all ears	熱心に聞いている
名 deterioration	衰退
形 awesome	素晴らしい
熟 run across	偶然出会う（見つける）

名 eye-opener	目を見張るもの
熟 in the meantime	その間に
熟 to tell you the truth	実を言うと
名 stuff	もの
副 magnificently	素晴らしく
形 disorganized	散らかっている
名 untidiness	乱雑さ
熟 beyond belief	信じられないほど
副 phenomenally	驚くほど

Q 1 ☐	I couldn't be better. の意味は？	A 絶好調だ。
Q 2 ☐	You know me. の意味は？	A 知っている通り。
Q 3 ☐	up in the air の意味は？	A 未定で
Q 4 ☐	be fired up about の意味は？	A ～に興奮している
Q 5 ☐	joking aside の意味は？	A 冗談はさておき
Q 6 ☐	inside out の意味は？	A 完全に
Q 7 ☐	off the top of one's head の意味は？	A 思いつきで言うと
Q 8 ☐	grow up on の意味は？	A ～を見て（聞いて）成長する
Q 9 ☐	I guess as much. の意味は？	A そんなことだと思う。
Q 10 ☐	can't get enough of の意味は？	A ～に飽きることがない
Q 11 ☐	be all ears の意味は？	A 熱心に聞いている
Q 12 ☐	awesome の意味は？	A 素晴らしい
Q 13 ☐	eye-opener の意味は？	A 目を見張るもの
Q 14 ☐	in the meantime の意味は？	A その間に
Q 15 ☐	magnificently の意味は？	A 素晴らしく
Q 16 ☐	beyond belief の意味は？	A 信じられないほど
Q 17 ☐	phenomenally の意味は？	A 驚くほど

正解 [1] ① 3 　② 4 　③ 2 　④ 1 　⑤ 2

[2] 2、4、7

[3] Will you marry me?

▶ **選択肢の訳と解説**

[1]

① この対話の中で、「誰かが朝から機嫌が悪い」はヒヨシ先生が〜ことを意味している。

1. 背中が痛かった 　　　2. よそよそしいように見えた

3. 不機嫌だった 　　　4. まだパジャマを着ていた

解説

　Someone **got out of the wrong side of the bed.** は直訳すると「誰かがベッドの間違った方から出てきた」になるが、ベッドの左から起きると縁起が悪いという迷信から、「朝から機嫌の悪い人」という意味になる。よって、**3. was in a bad mood**「不機嫌だった」が正解。**get out of the wrong side of the bed**「朝から機嫌が悪い」をおさえておく。

② この対話の中で、「彼を大目に見てあげて」は〜を意味する。

1. 彼を応援して 　　　　2. 彼を勘当して

3. 彼にケーキをあげて 　　4. 彼を大目に見て

解説

　cut him some slack は「彼の怠けた部分を切る」＝「彼を大目に見る」なので、**4. Go easy on him**「彼に優しくする」＝「彼を大目に見る」が正解になる。**cut O some slack、go easy on**「〜を大目に見る」をおさえておく。**cut off** は人を目的語にとると、「**勘当する**」の意味になることも、おさえておく。

③この対話の中で、「それをあなたに詳細に説明すること」は～を意味する
1. あなたに魔法をかけること
2. それをあなたに説明すること
3. あなたに「大事な日」という綴(つづ)りを教えること
4. 私があなたに言ったことを繰り返すこと

解説

　spell outで「1字1字書く」＝「詳細に説明する」になるので、**2. to explain it to you** が正解。1.のcast a spell onは「～に魔法をかける」の意味で、spell「綴る」とspell「魔法」を混同しないように注意する。続くセシリアの発言からも3のような単語の綴りを教える意味ではないとわかる。

④この対話の中で、「考えればわかる」は～を意味しない
1. 費用を計算する　　　　2. それをすべてまとめる
3. 断片を組み合わせる　　　　4. それを慎重に考える

解説

　You do the math.は、math が mathematics「数学」の略なので、「**あなたは数学をする**」＝「**計算すればわかる**」から「**考えればわかる**」の意味になる。2、3、4とすべて考える、あるいは理解するという意味だが、**1だけ費用の計算の意味になっており**、これだけこの対話の中でのdo the mathとは意味が異なるので、正解になる。

⑤この対話の中で、「どこからともなく現れて」は、ヤガミ先生が～を意味する
1. 上の階から降りてきた　　　**2. どこからともなく出てきた**
3. ドアベルを鳴らした　　　　4. 息を切らしていた

解説

　appear out of thin airは、**thin air**「薄い空気」＝「どこかわからないところ」から、「どこからともなく現れる」という意味なので、**2. came out of nowhere**「どこからともなく出てきた」が正解になる。

[2]

1. セシリアによると、シェイクスピアは、「あなたを夏の日と比べよう か？」という行を含む詩を書かなかった。
2. ヤガミ先生が話に割り込む前は、セシリアはヒヨシ先生とヤガミ先生 が真剣な関係だと信じていた。
3. セシリアは、パトリックは賢いと考えている。
4. ヒヨシ先生とヤガミ先生はお互いに仲良くしている。
5. ヒヨシ先生はいつもパトリックに意地悪だ。
6. ヒヨシ先生は、ヤガミ先生の結婚パーティーに食べ物を持ってくるだろう。
7. ヤガミ先生は、自分には複数の親友がいることをほのめかしている。
8. ヤガミ先生は、バレンタインデーに結婚する予定だ。

第3章
ハイレベル会話問題を攻略する!!

解説

　下線⑤のヤガミ先生が突然現れた場面で、「憶測は十分よ、2人とも。あなたたちはすべてかん違いしている。説明させて。（左手を見せて）ええ、確かに私は結婚する予定だけど、ヒヨシ先生とではない。」と発言していることに着目する。ここでの2人とは、会話をしていた、セシリアとパトリックを指す。特にパトリックの第5発言の「片膝をついて、3単語、8文字から成るセリフ（= I love you.）を言う。」や、セシリアの第4発言「4単語で、14文字の最後にクエスチョンマークが付く言葉（= Will you marry me?)」から、2人は、ヒヨシ先生がヤガミ先生に結婚を申し込む関係だと思い込んでいるとわかるので、**2 が正解**と判断する。2の a serious relationship「真剣な関係」とは、婚約など、将来を考えた交際を指す。

　ヤガミ先生の第1発言の最後で、「私たちは仲良しで、親友だ。」とあることから、**4を正解**と判断する。**good friends や best friends が get along with「～と仲良くする」に言い換えられている**ことを確認する。

　ヤガミ先生の第2発言「いったい誰が『親友』は単数形でなければいけないと言ったの？」は反語で、**親友は一人でなくてもよい**という意味なので、**7を正解**と判断する。

　1は、パトリックの第4発言「彼が生物室でひとりっきりで、授業後にシェイクスピアの劇のリハーサルをしている、と彼らが言っていた。『私があなたを夏の日と比べようか？』のようなものだったよね？」と矛盾す

151

る。『私があなたを夏の日と比べようか？』は、シェイクスピアの劇中のセリフと考えられる。3は、セシリアの第2発言「あなたは本当に単純。」と矛盾する。naïveは「**単純な**」、「**世間知らずの**」という意味で、日本語の「繊細な」というニュアンスの「ナイーブな」という意味では、sensitiveを使うことをおさえておく。

　5は、パトリックが第2発言でヒヨシ先生に対して「機嫌が悪い」と言っているが、続くセシリアの発言で「彼の大事な日だから」とあるので、「いつも」意地悪な訳ではない。言い過ぎの選択肢。**mean**が形容詞で「**意地悪な**」の意味があることもおさえておく。8は、ヤガミ先生が最後の発言で、「2日後はバレンタインデーよ。」と言っているだけで、バレンタインデーに結婚するという意味ではない。

[3]

　この対話に基づいて、4単語、14文字とは何だと思うか。カンマ (,)、アポストロフィ (')、エクスクラメーション・マーク (!) のような、句読点は解答に使用してはいけない。単語の間に1つ空白を置いて、文を書きなさい。

解説

　パトリックの第5発言の「片膝をついて、3単語、8文字を言う。」で、I love you.「私はあなたを愛しています。」を想定して、プロポーズのシーンを思い浮かべる。その上で次のセシリアの第4発言「4単語で、14文字の最後にクエスチョンマークが付く」から、**Will you marry me?**「私と結婚してくれませんか？」を推測して、これが正解になる。ヤガミ先生が現れた場面で、結婚に言及していることからさかのぼって推測してもよい。

▶ **会話の訳**

パトリック：おはようございます、先生！（元気よく）
ヒヨシ先生：何？　ああ、君か、おはよう。（不機嫌にそわそわと）
パトリック：（セシリアの方を向いて）うわ！　朝から機嫌が悪い人だな。
セシリア　：彼を大目に見てあげて！　彼の「大事な」日であることがわからない？
パトリック：（当惑した表情で）大事な日？　大事な日って何のことかわ

　　　　　　からないよ。

セシリア　：やれやれ、あなたは本当に単純ね。私がそれを詳細に説明し
　　　　　　てあげなきゃいけないの？　ええと、ほら、先日私たちが授
　　　　　　業であの映画を見ていたときのように、ヒヨシ先生がヤガミ
　　　　　　先生と話をしているときに、どれほどうれしそうで興奮した
　　　　　　感じか知っているでしょう？（パトリックは勢いよくうなず
　　　　　　く）　ええ、「私はハチが大好きで、それは大好きな映画の1
　　　　　　つですよ！」みたいな感じで。いいわ。あなたは連中が昨日
　　　　　　何を見たと言っていたかも覚えている？

パトリック：ええ、彼が生物室でずっと1人で、授業後にシェイクスピア
　　　　　　の劇のリハーサルをしている、と彼らが言っていた。「あな
　　　　　　たを夏の日と比べようか？」のようなものだったよね？

セシリア　：違う違う。それじゃないわ。「ものごとの変化を見て自らも
　　　　　　変わる愛、それはもとより愛ではない。」よ。ええ、ちょう
　　　　　　ど今、あなたが彼にあいさつする直前に、彼が小さな箱を彼
　　　　　　のカバンにつっこんでいるのが見えたの。だから、あなたは
　　　　　　考えればわかる、そうするとどうなる？

パトリック：（間が空いて）　彼はその予定だ。彼は片膝をついて、それを
　　　　　　言うんだ。3単語で、8文字のやつかな？

セシリア　：（目をぐるりと回して）　それもあるけど、最後にクエスチョ
　　　　　　ンマークの付いた、4単語、14文字のやつじゃない？

パトリック：あなたは本当にそうだと思う？

セシリア　：あらやだ、私は事実として知っているよ。

ヤガミ先生：（どこからともなく現れて、会話に割り込む）憶測は十分
　　　　　　よ、2人とも！　あなたたちはすべてかん違いしているよ。
　　　　　　説明させて。（左手を見せて）ええ、確かに私は結婚する予
　　　　　　定だけど、ヒヨシ先生とではないの。実は、彼に結婚パーテ
　　　　　　ィーで、乾杯の音頭をとってくれるよう頼んだところなの。
　　　　　　私たちはずっと仲良しで、親友よ。

パトリック：しかし、あなたの親友は…と言ったと思ったんですが。

ヤガミ先生：誰が「親友」は単数形でなければいけないと言ったの？

セシリア　：でも、それならその箱には何があるんですか？

ヤガミ先生：（笑って）それは、私にではなくて、あなたたちが良いと思っ
　　　　　　ているものだよ。（再び左手を見せて）彼がミタ先生といるところ
　　　　　　を見たことがないなんて言わないでちょうだいね。そして、と
　　　　　　ころで、知っているように、2日後はバレンタインデーよ。

副	energetically	精力的に
会	It's you.	あなたか。
熟	walk off	急に出発する
副	grumpily	不機嫌に
副	restlessly	落ち着きがなく
会	Whoa!	うわ！
熟	get out of the wrong side of the bed	朝から機嫌が悪い
熟	cut O some slack	Oを大目に見る
名	big day	大事な日
形	puzzled	困惑した
会	geez	（Jesusの略語）やれやれ
形	naïve	単純な
熟	spell out	〜を詳細に説明する
副	vigorously	精力的に
動	rehearse	予行演習する
名	alteration	変更
動	shove	突っ込む
会	You do the math.	考えればわかるよね。
熟	get down on one knee	片膝をつく
熟	know for a fact	事実として知っている
熟	appear out of thin air	どこからともなく現れる
熟	barge in	〜に割り込む
熟	give a toast	乾杯をする
名	singular	単数
熟	a couple of	2、3の
形	sore	痛い

形 stiff	堅い
名 mood	機嫌
熟 cheer on	～を応援する
熟 cut off	～を勘当する
熟 go easy on	～を大目に見る
熟 cast a spell on	～に魔法をかける
熟 put ～ together	～を一緒にする
熟 work out	～をよく考える
熟 come out of nowhere	どこからともなく現れる
熟 out of breath	息を切らして

Q 1	get out of the wrong side of the bed の意味は？	A	朝から機嫌が悪い
Q 2	cut O some slack の意味は？	A	Oを大目に見る
Q 3	spell out の意味は？	A	～を詳細に説明する
Q 4	do the math の意味は？	A	考えればわかる
Q 5	appear out of thin air	A	どこからともなく現れる
Q 6	give a toast の意味は？	A	乾杯をする
Q 7	cheer on の意味は？	A	～を応援する
Q 8	cut off の意味は？	A	～を勘当する
Q 9	go easy on の意味は？	A	～を大目に見る
Q 10	cast a spell on の意味は？	A	～に魔法をかける
Q 11	come out of nowhere の意味は？	A	どこからともなく現れる
Q 12	out of breath の意味は？	A	息を切らして

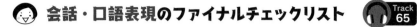 **会話・口語表現のファイナルチェックリスト**

1	Do you mind if I ～?	（私が）～してもいいですか？
2	That's none of your business.	あなたの知ったことではない。
3	ought to have p.p.	～すべきだったのに（～したはずだ）
4	Hi there.	こんにちは。
5	Can I help you?	お手伝いしましょうか？（いらっしゃいませ。）
6	try ～ on	～を試着する
7	Sure.	もちろん。
8	I have no idea.	わからない。
9	Why don't you ～?	～してみたら？
10	I wonder if you would mind doing ～.	～していただけますか。
11	hang out	ぶらぶらする
12	How about you?	あなたはどうですか？
13	What's wrong?	どうしたの？
14	be on one's way	向かっている
15	Are you kidding?	まさか！
16	Long time no see.	久しぶり。
17	It's been a while.	久しぶり。
18	Exactly.	その通り。
19	take time off	休みを取る
20	How come SV?	なぜSがVするのか？
21	be crazy about	～に夢中だ
22	I'm not sure.	わからない。
23	It's kind of you.	ありがとう。
24	between you and me	ここだけの話
25	at the last minute	土壇場で
26	give O a hand	Oを助ける
27	Don't mention it.	どういたしまして。
28	It depends.	状況次第だ。
29	That's right.	その通り。

30	Would you mind doing ~?	~していただけますか？
31	No problem.	ええ、いいですよ。
32	No way.	とんでもない。
33	Why don't we ~?	（一緒に）~しませんか？
34	How about ~?	~はどうですか？
35	I'm afraid ~.	残念ながら~。
36	be troubled	悩む
37	Not at all.	まったく何でもない。
38	It is my pleasure.	どういたしまして。
39	I couldn't have been happier.	最高に幸せだった。
40	make one's bed	ベッドを整える
41	be with ~	~に同意する
42	be against ~	~に反対する
43	Who's calling?	（電話口で）どちら様ですか？
44	put ~ through	（電話を）~につなぐ
45	hold on	電話を切らずに待つ
46	S will be right with you.	Sはまもなくまいります。
47	No wonder ~.	どうりで~。
48	I won't keep you any longer.	これ以上引き留めません。
49	Don't worry.	心配しないで。
50	catch	理解する
51	What have you been up to (lately)?	（最近）どうしてた？
52	get by	何とかやる
53	You are joking.	冗談でしょう。
54	I mean it.	本気だよ。
55	Come on!	おい！／元気出せよ！／本当だよ。
56	Congratulations!	おめでとう！
57	That's odd.	それは変だ。
58	It's (=It has) been ages.	久しぶり。

59	absolutely	絶対的に
60	How's (=How is) it going?	調子はどう？
61	You know me.	ご存じの通り。
62	That figures.	そんなことだろうと思った。
63	Better late than never.	遅くてもしないよりまし。
64	That's (=That is) how it goes.	物事はそういうものだ。
65	I bet ～.	きっと～だ。
66	find one's feet	慣れる
67	keep a straight face	笑いをこらえる
68	be all ears	熱心に聞いている
69	take a chance	一か八かにかける
70	stop by	立ち寄る
71	stand a chance	見込みがある
72	Nothing ventured, nothing gained.	虎穴に入らずんば虎児を得ず。
73	take one's word for it	～の言葉を信じる
74	be to the point	的を射ている
75	on the tip of one's tongue	（言葉が）口から出かかって
76	give O another thought	Oを再考する
77	What's (=What is) the matter?	どうしたの？
78	fill one's shoes	～の代わりをする
79	anyway	とにかく
80	get down to	～に本腰を入れて取り掛かる
81	get on one's nerves	～の癇に障る
82	be supposed to do	～しなければならない
83	be on a diet	ダイエット中だ
84	guilty pleasure	いけないとわかっていてもやってしまうもの
85	Practice makes perfect.	習うより慣れよ。
86	What happened?	どうしたの？
87	Tomorrow is another day.	明日は明日の風が吹く。

88	I'll (= I will) pass on it.	私は遠慮しておくよ。
89	what all the fuss is about	この騒ぎはいったい何なのか
90	How's it coming along?	それの進み具合はどう？
91	so far so good	今までのところとても良い
92	have got to do	〜しなければならない
93	I'm done.	終わった。
94	The line is busy.	（電話が）話し中だ。
95	get through	（電話が）通じる
96	stick with	〜を続ける
97	stay by	〜のそばにいる
98	slip away	こっそり立ち去る
99	That's a shame.	（それは）残念だ。
100	go for a meal	食事に行く
101	If you don't mind, 〜.	もしよろしければ、〜。
102	split the cost	割り勘にする
103	That's all right by me.	私は構わない。
104	See you later.	また後で。
105	treat	ごちそうする
106	This is on me.	これは私がおごります。
107	to be frank with you	正直に言うと
108	What do you mean by that?	それはどういう意味？
109	I couldn't agree more.	大賛成。
110	You can say that again.	その通り。
111	Oh, no!	ああ、やっちゃった！
112	I didn't mean it.	本気ではなかった。
113	break the news	ニュースを伝える
114	make one's way	進む
115	fly by	速く過ぎ去る
116	after all	何しろ、〜だから
117	My apologies.	ごめんなさい。

118	Thank goodness.	よかった。
119	How have you been?	どうしてた？
120	It's (= It has) been ages.	久しぶり。
121	Good for you.	よかったね。
122	take off	うまくいき始める
123	Likewise.	こちらこそ。
124	You name the day.	あなたが日付を決めていいよ。
125	over lunch	昼食を食べながら
126	Sounds good.	いいね。
127	That's a deal.	それで決まりだ。
128	for a change	気分転換に
129	cling to	～にしがみつく
130	not much of a talker	あまりおしゃべりではない
131	be at a loss for words	言葉が出てこない
132	break the ice	場を和ませる
133	Good on you.	よくやったね。
134	bond over	～をしながら絆が深まる
135	bring together	1つにする
136	common ground	共通点
137	keep the ball rolling	話をうまく続ける
138	Who knows?	誰もわからない。
139	I get it.	わかるよ。
140	Never mind.	気にするな。
141	That's nonsense.	それはばかげている。
142	Don't get me started.	その話はやめよう。
143	be up	起きている
144	sound asleep	ぐっすり眠って
145	be bothered about	～に悩む
146	The thing is ～.	問題は～だ。
147	get a move on	急ぐ

148	drop ～ off	～を（乗り物から）降ろす
149	It serves you right.	自業自得だ。
150	take oneself off to ～	急いで～に行く
151	send O on one's way	Oを送り出す
152	drive O crazy	Oをいらいらさせる
153	take offense to	～に腹を立てる
154	in the dark	何もわからない
155	when it comes to ～	～ということになると
156	ill-at-ease	不安な
157	be taken aback at	～に驚く
158	never cease to amaze O	たえずOに驚きを与える
159	You could have fooled me.	冗談でしょう。
160	give O the benefit of the doubt	Oを好意的に解釈する
161	doze off	うたた寝をする
162	Don't let it bother you.	そんなことで悩まないで。
163	time-honored	昔からの
164	You can say that again.	その通り。
165	busy oneself with ～	～するのに忙しく過ごす
166	Nothing in particular.	特に何もない。
167	Come now.	まあまあ。
168	Nothing short of A can do.	Aしか～できない。
169	if you must know	どうしても知りたいなら
170	call one's own	所有する
171	for better or for worse	良くも悪くも
172	as it happens	実は
173	Guilty as charged.	その通り。
174	in person	直接
175	pull all-nighters	徹夜する
176	by the way	ところで
177	have O over	Oを家に呼ぶ

178	mind you	念のため言っておくけど
179	at any rate	とにかく
180	We'll cross that bridge when we come to it.	私たちは、それが起こったときに対応しよう。
181	No point doing 〜.	〜しても無駄だ。
182	We covered the basics.	私たちは基本的なことは終えた。
183	technically	厳密には
184	run errands	使い走りをする
185	catch one's breath	一休みする
186	It wouldn't hurt to do 〜.	〜しても損はないだろう。
187	never in a million years	絶対に〜ない
188	What's up?	どうしたの？
189	be hyped about	〜に非常に興奮している
190	You bet.	もちろん。
191	awesome	とても良い
192	meet up	落ち合う
193	have got to do	〜しなければならない
194	You don't say.	まさか。
195	Beats me.	さっぱりわからない。
196	save one's bacon	〜のピンチを救う
197	Thanks for the tip.	助言をありがとう。
198	What's new?	最近変わったことはない？
199	I couldn't be better.	絶好調だ。
200	up in the air	未定で
201	be fired up about	〜に興奮している
202	inside out	完全に
203	off the top of one's head	思いつきで言うと
204	grow up on	〜を見て（聞いて）成長する
205	I guess as much.	そうだと思う。
206	can't get enough of	〜に飽きることがない

207	Go on.	続けて。
208	eye-opener	目を見張るもの
209	It's you.	あなたか。
210	Whoa!	うわ！
211	get out of the wrong side of the bed	朝から機嫌が悪い
212	cut O some slack	O を大目に見る
213	big day	大事な日
214	geez	（Jesusの略語）やれやれ
215	naïve	単純な
216	spell out	〜を詳細に説明する
217	You do the math.	考えればわかるよね。
218	know for a fact	事実として知っている
219	appear out of thin air	どこからともなく現れる
220	barge in	〜に割り込む
221	give a toast	乾杯をする
222	cheer on	〜を応援する
223	cut off	〜を勘当する
224	go easy on	〜を大目に見る
225	cast a spell on	〜に魔法をかける
226	put 〜 together	〜を一緒にする
227	come out of nowhere	どこからともなく現れる
228	out of breath	息を切らして

本文デザイン：熊アート
音声収録：ELEC
音声出演：Karen Haedrich、水月優希

おわりに

　本書を手に取り、最後まで読んでくださって、本当にありがとうございました。

　本書では、出題頻度が高く、配点が高いにもかかわらず、対策書が少ない会話問題を扱いました。

　長文の対策には、受験生の多くが、徹底した対策をして臨みます。一方で、会話問題は、参考書が少ないこともあって、過去問の演習だけで済ませている受験生が多いのも実情でしょう。

　本書を徹底的にやり込んで、合否のカギを握る会話問題に、万全の状態で臨んでください。本書で紹介した**228の会話・口語表現**を覚えて試験本番に臨むのと臨まないのとでは、大きな差が付くことになります。

　本書が、皆さんの志望校合格のお力に少しでもなれたら、本当にうれしい限りです。

　最後に、本書の企画・編集を担当してくださった株式会社KADOKAWAの皆様、本書に素敵なデザインを施してくださった熊アートの皆様、本書の校正を念入りにしてくださった皆様、最後までお付き合いいただいた読者の皆様に、心より御礼申しあげます。

肘井　学
（ヒジイ　ガク）

スマホで音声をダウンロードする場合

abceed
AI英語教材エービーシード

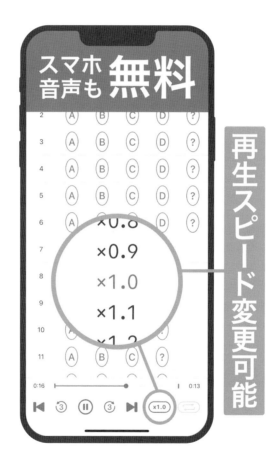

ご利用の場合は、下記のQRコードまたはURLより
スマホにアプリをダウンロードしてください。

https://www.abceed.com
abceedは株式会社Globeeの商品です。

肘井 学（ひじい がく）

　慶應義塾大学文学部英米文学専攻卒業。全国のさまざまな予備校を
へて、リクルートが主催するネット講義サービス「スタディサプリ」
の教壇に立ち、高校生、受験生から英語を学びなおす社会人まで、圧
倒的な満足度を誇る。「スタディサプリ」で公開される「英文読解」
の講座は、年間25万人の生徒が受講する超人気講座となっている。

　主な著書に『大学入試　肘井学の　ゼロから英語長文が面白いほど
わかる本　音声ダウンロード付』『大学入試　肘井学の　ゼロから英
文法が面白いほどわかる本　音声ダウンロード付』『語源とマンガで
英単語が面白いほど覚えられる本』『大学入試　肘井学の　作文のた
めの英文法が面白いほどわかる本　音声ダウンロード付き』『大学入
試　肘井学の　読解のための英文法が面白いほどわかる本　難関大編
音声ダウンロード付』『話すための英文法ハック100』『大学入試　肘
井学の　読解のための英文法が面白いほどわかる本　必修編　音声ダ
ウンロード付』『大学入試　肘井学の ゼロから英文法が面白いほどわ
かる本 NEXT　音声ダウンロード付』（以上、KADOKAWA）、『高校
の英文法が１冊でしっかりわかる本』『高校の英文読解が１冊でしっ
かりわかる本』『大学入試　レベル別　英語長文問題ソリューショ
ン』シリーズ（以上、かんき出版）、『大学入試　すぐわかる英文法』
（教学社）などがある。

だいがくにゅうし　ひじいがく
大学入試　肘井学の
えいごかいわもんだい　おもしろ　　と　　ほん　　おんせい　　つき
英語会話問題が面白いほど解ける本　音声ダウンロード付

2023年11月29日　初版発行
2024年２月15日　再版発行

著者／肘井 学
　　　ひじい　がく

発行者／山下　直久

発行／株式会社KADOKAWA
〒102-8177　東京都千代田区富士見2-13-3
電話　0570-002-301（ナビダイヤル）

印刷所／株式会社加藤文明社印刷所

製本所／株式会社加藤文明社印刷所

●お問い合わせ
https://www.kadokawa.co.jp/（「お問い合わせ」へお進みください）
※内容によっては、お答えできない場合があります。
※サポートは日本国内のみとさせていただきます。
※Japanese text only

定価はカバーに表示してあります。

大学入試
肘井 学の

英語会話問題
が面白いほど解ける本

［別冊］

大学入試
肘井 学の

英語会話問題
が面白いほど解ける本

［別冊］

大学入試　肘井学の英語会話問題が
面白いほど解ける本　音声ダウンロード付

別冊 もくじ

問題編

次の会話において、空所を補うのに最も適切なものを①〜④の中からそれぞれ1つ選び、その記号を答えなさい。

問1 A：Let me introduce your new teacher for this class, Mary Roberts.
B：Hello, (　　). I'm pleased to meet you.
① Mary teacher　　② Ms. Mary
③ Ms. Roberts　　④ Teacher Roberts

（共立女子大）

問2 A：Do you mind if I ask you how much you earn?
B：That's none of your (　　)! I don't like talking about money.
① asking　　② business　　③ doing　　④ secret

（学習院大　文）

問3 A：It's 8:00 already. We (　　) by now. We aren't going to get there in time.
B：Why don't you phone to say we'll be late?
A：I will. But let's hurry.
① couldn't have left　　② might have left
③ ought to have left　　④ won't have left

（学習院大　経済）

問4 A：Hi there. Can I help you?
B：Yes. I like these pants, but I don't know if they fit. Could I (　　)?
A：Sure. The fitting room is this way.
① put them out　　② take them out
③ try them on　　④ turn them on

（学習院大　文・理）

問5 A：Do you know what time David arrived at the office this morning?
B：I'm sorry, I've no (　　). Why don't you ask him?
① idea　　② knowledge　　③ reason　　④ thought

（学習院大　文・理）

問6 A : I ( ) if you would mind helping me with my bag.

B : Sure, let me give you a hand.

① ask   ② hope   ③ want   ④ wonder

（学習院大　文・理　改）

問7 A : What did you do after the class yesterday?

B : I hung ( ) with my friends for an hour or so before going home.

① at   ② out   ③ over   ④ up

（学習院大　文・理）

問8 A : Hello, let me introduce myself. I'm Weiner.

B : Good to meet you, Weiner. My name is Jules. So, ( )?

A : I'm an architect. How about you?

① how about you   ② what are you doing

③ what do you do   ④ what will you do

（共立女子大）

問9 A : Stay away from the building and move out of the street.

B : ( )

A : There's smoke coming from one of the windows. The fire fighters are on their way.

① What if?   ② What else?

③ What's next?   ④ What's wrong?

（大阪学院大）

問10 A : Have you seen that movie?

B : Yes. I saw it ten times in my childhood.

A : ( )

① Do you?   ② Not at all.   ③ Me, neither.   ④ Are you kidding?

（岡山理科大）

次の会話において、空所を補うのに最も適切なものを①〜④の中からそれぞれ1つ選び、その記号を答えなさい。

問1 A：Hi, Jack. (　　　　　)
B：Hi, Marie. It's been a while since the last time we chatted online, right?
A：Exactly. I've been so busy I couldn't take any time off.
① It was nice seeing you.　　② What are you doing?
③ How long have you been chatting?　　④ Long time no see.

（岡山理科大）

問2 A：(　　　　　)
B：I'm crazy about Japanese anime, so that's how I learned it.
A：That's great. I'd also like to speak English more fluently.
B：Then let's talk about our favorite anime in English and Japanese.
① What do you think about the Japanese?
② How come you speak Japanese so well?
③ When did you start studying Japanese?
④ Why don't you study together?

（岡山理科大）

問3 A：What kind of job are you looking for?
B：(　　　　　)
A：You should think about what you are good at, and start from there.
① Take time.　　② It's kind of you.
③ I'm not sure.　　④ I'm good at calculating.

（大阪学院大）

問4 A：What do you think of the manager's new plan, Paul?
B：(　　　), I don't think it is going to work.
① At the last minute　　② At the same time
③ Between you and me　　④ On the other hand

（学習院大　法・経）

問5 A：You look like you are struggling with that heavy case. Can I (　) carrying it?

B：Yes, please. I'd appreciate it.

① give you a hand 　② hand it in

③ hand you over 　④ hand you up 　　　　　（学習院大　法）

問6 A：Thank you so much for all your assistance.

B：Don't (　) it. I was delighted to help.

① mention 　② say 　③ speak 　④ talk about

（学習院大　文・理　改）

問7 A：Do you want to go out tomorrow night?

B：(　)

A：On what?

B：On where we go. I don't like noisy places.

① Yes, that's right.

② No, I don't. But, I might get one.

③ Hey, that's a great idea! Let's go!

④ It depends. 　　　　　（札幌大　改）

問8 A：Excuse me, would you mind taking a picture of us in front of this gate?

B：(　). Say cheese!

① No pain 　② No problem 　③ No question 　④ No way

（学習院大　文・理）

問9 X：(　) stay here until the rain stops?

Y：Yeah, let's wait.

① Why do we 　② How about

③ Why don't we 　④ How do you want to 　　　　　（駒澤大）

問10 A：Excuse me, could you tell me where the city hall is?

B：I'm sorry I can't. I'm (　) I'm not from around here.

① afraid 　② fearful 　③ regretful 　④ troubled

（学習院大　文・理）

次の会話において、空所を補うのに最も適切なものを①～④の中からそれぞれ1つ選び、その記号を答えなさい。

問1 A : Thank you so much for coming to visit when I was in hospital last week.
B : Not at all. It was my (   ).
① gratitude   ② joy   ③ pleasure   ④ thanks

（学習院大　文・理）

問2 A : How did you like returning to your native country after such a long absence?
B : I couldn't have been (   )!
① happy   ② happier   ③ most happy   ④ happiest

（学習院女子大　改）

問3 A : Have you (   ) your bed yet, William?
B : Sorry, Mum! I'll do it now.
① given   ② made   ③ provided   ④ sought

（学習院大　経済）

問4 A : I really think Italian food is the best in the world.
B : I'm completely (   ) you on that. It's wonderful, isn't it?
① against   ② amongst   ③ besides   ④ with

（学習院大　経済）

問5 A : Who's calling, please?
B : This is Mr. Smith. May I speak to Mr. Cooper, please?
A : (   ) Please hold on. He'll be right with you.
① I'll put you through now.   ② Speaking.
③ This is he.   ④ Shall I take a message?

（岡山理科大）

問6　A：It's very, very hot in here.

　　　　B：No (　　) it feels so hot. The heater is on full!

　　　　① really　　② reason　　③ way　　④ wonder

（学習院大　文）

問7　A：Thank you for finding time to see me. I won't (　　) you any longer.

　　　　B：Don't worry, I'm not so busy these days. Come and see me again if you have a problem.

　　　　① have　　② hear　　③ keep　　④ see

（学習院大　経済）

問8　A：You need to turn right at the next intersection, then first left, and left again at the traffic lights.

　　　　B：I'm sorry, I didn't (　　) what you said. Could you repeat that?

　　　　① catch　　② receive　　③ take　　④ watch

（学習院大　法）

問9　A：Jake, what have you been (　　) to lately?

　　　　B：Oh, well, I've been getting by.

　　　　① down　　② gone　　③ off　　④ up

（学習院女子大）

問10　A：I can't believe this! This is the best present I've ever received!

　　　　B：(　　)

　　　　A：No! I mean it!

　　　　① Really? You are joking, right?

　　　　② How come? What do you mean?

　　　　③ Come on! You should trust me!

　　　　④ Congratulations!

（名城大）

次の会話において、空所を補うのに最も適切なものを①～④の中からそれぞれ1つ選び、その記号を答えなさい。

問1 Between friends

Diana : Have you met my brother, Edward? He seems to know you.

Alice : No, I don't think I've ever met him before.

Diana : (　　) Edward told me that he talked with you at a party recently.

Alice : I don't think so. He's probably mistaking me for someone else.

① That's odd.　　　　　　② How could you?

③ You're right.　　　　　　④ Is that it?

（立教大　異文化コミュニケーション）

問2 Catching up

Keanu : Hey, Alex. It's been absolutely ages. How's it going?

Alex　 : It's going okay. How about you? What've you been up to?

Keanu : (　　) I've always got something crazy going on.

Alex　 : That figures. You've always been a busy guy!

① Better late than never.　　② No problem at all.

③ Well, that's how it goes.　　④ Oh, you know me.

（立教大　異文化コミュニケーション）

問3 Jane　 : Mary, how is your new life going in university?

Mary : I'm doing fine, but I need some time to get used to it.

Jane　 : Don't worry. I bet (　　).

Mary : Thank you for encouraging me. I will do my best.

① you will keep a straight face　　② you are good with your hands

③ you will find your feet　　④ you are all ears

（青山学院大　教育人間科学）

問4 A：You were absent last week. Were you sick?

B：Yes, I had a heavy cold, but I'm (　　) it now.

① better　　　② finished　　　③ over　　　④ recovered

（学習院大　法）

問5 A：I am so glad you are at home! I thought that I'd take (　　) and stop by for a visit.

B：Great to see you. Your timing is perfect ― I've just got home!

① a chance　　② an opportunity　　③ a possibility　　④ a prospect

（学習院大　法）

問6 A：I've got an interview for a great job. I really want it, but I don't think I stand a (　　).

B：Well, you know what they say: "Nothing ventured, nothing gained."

① chance　　② risk　　③ success　　④ win

（学習院大　文・理）

問7 Debra：What is the name of the hotel Mark stayed at in Canada last month?

Terry：The Pacific?

Debra：No, it wasn't that. Umm .... (　　)

① Take your word for it.　　② Your answer is to the point.

③ It's on the tip of my tongue.　　④ Don't give it another thought.

（畿央大　改）

問8 Ken　：You look anxious. What's the matter?

Mary：My boss is retiring next week. I don't know if I can finish the project without her.

Ken　：Don't worry. (　　).

Mary：Thank you for your kind words. I'll do my best, anyway.

① You will get down to the project　　② You can fill her shoes

③ She will get on your nerves　　④ She can fill herself up

（青山学院大　教育人間科学）

問9 Bob ： Would you like some ice cream?

Cathy ： Are you eating chocolate ice cream? You are supposed to be on a diet.

Bob ： Don't tell anybody. (　　).

Cathy ： Well, why don't you exercise every day rather than resisting sweets?

① I can put up with temptation

② You have to forget the overall picture

③ This is my guilty pleasure

④ Practice makes perfect, I guess

（青山学院大　教育人間科学）

問10 A ： What happened? You look so nervous.

B ： Well, I failed mathematics again.

A ： (　　) Tomorrow is another day.

① Come on.　　　　② Me, neither.

③ Congratulations.　④ You should see a doctor.

（岡山理科大）

次の会話において、空所を補うのに最も適切なものを①〜④の中からそれぞれ1つ選び、その記号を答えなさい。

問 1　A：What are you watching?

　　　　B：A movie. It just came on. Why don't you watch it with me?

　　　　A：What's the name of the movie?

　　　　B：It's called *Reminders of the Past*.

　　　　A：I've never heard of it.

　　　　B：Really? I heard from several people that it's really good.

　　　　A：Is it a drama?

　　　　B：No. It's a horror movie, and it's supposed to be really scary.

　　　　A：In that case, (　　). After watching horror movies, I almost always have nightmares.

　　　　B：Really? They never affect me at all.

　　　　A：Well, anyway, enjoy your movie. I'm going to lie down in the bedroom and listen to music. Let me know when it's over and I'll come back.

　　① I think I'll pass on it

　　② I'll join you, if you don't mind

　　③ I have to see what all the fuss is about

　　④ I'll just watch the parts that aren't frightening

（中央大　経済）

問 2　A：You've been working on that essay all day. How's it coming along?

　　　　B：So (　　) so good. I've just got to write a conclusion and I'm done.

　　① better　　② far　　③ long　　④ much

（学習院大　文・理）

11

問 3　A：Did you speak to Bill on the telephone last night?

　　　　B：I tried, but the line was busy and I couldn't (　　).

　　① get in　　　　② get on　　　　③ get over　　　　④ get through

（学習院大　文・理）

問 4　A：Should I take this new job, or should I (　　) my old one?

　　　　B：Well, you are unhappy there, so I think it's time for a change.

　　① stand for　　　② stay by　　　③ slip away　　　④ stick with

（学習院大　文・理）

問 5　A：I really want to go on that trip, but I can't afford it.

　　　　B：That's (　　). Can't you get your parents to lend you the money?

　　① a help　　　　② a mistake　　　③ a relief　　　④ a shame

（学習院大　経済）

問 6　A：Jack, I was thinking of going for a meal somewhere after work.

　　　　B：Oh, were you?

　　　　A：Yes, would you like to come with me?

　　　　B：Yes, I'm free tonight.

　　　　A：If you don't mind, we'll split the cost. (　　)

　　　　B：That's all right by me. See you later, then.

　　① Let me treat you.　　　　　② This is on me.

　　③ Would you pay for the meal?　　④ My budget won't cover both of us!

（中央大　経済）

問 7　A：Don't you just love this warm weather, Jack?

　　　　B：To be frank with you, no. (　　)

　　　　A：What do you mean by that?

　　　　B：Well, it shouldn't be so hot as this in February! We should be
　　　　　　wearing down jackets, not T-shirts. This is probably because of
　　　　　　climate change, you know.

　　① It scares me a lot!　　　　② I couldn't agree more.

　　③ I'm afraid I can.　　　　　④ You can say that again.

（中央大　経済）

12

問 8　A：Why did you say such a thing to Sara? She is crying in the classroom.

　　　B：Oh, no! (　　) It was a joke.

　　　A：Then, go and tell her that. Now!

　　　① I don't care.　　　② I was serious.

　　　③ I didn't mean it.　　④ I don't agree with that.

（岡山理科大）

問 9　A：Can I (　　) the news now? We're getting married!

　　　B：Oh, Jeff! That's wonderful news.

　　　① break　　② destroy　　③ fight　　④ smash

（学習院大　経済）

問10　A：The library is closing in 10 minutes. Please make your way to the exit.

　　　B：Is it nearly 6 already? The afternoon has (　　) by!

　　　① flown　　② followed　　③ run　　④ rushed

（学習院大　文・理）

次の会話文の空所 (1)～(5) に入れるのに最も適当なものをそれぞれ A～D から 1 つずつ選び、その記号を答えなさい。

A teacher, John, is talking to a student, Ryu, in the classroom.

John : Ryu, where's your homework? (1) (　　　　　　　　　　　)

Ryu　: I did. But I can't give it to you. Let me explain.

John : Okay, so what is it this time? Did your dog eat it again?
　　　　(2) (　　　　　　　　　　) that's what you said last time.

Ryu　: Well, um ...

John : You'd better have a good excuse.

Ryu　: (3) (　　　　　　　　　　) So let me explain.

John : Okay. I'm waiting. I consider doing all the homework one of the most important parts of this class.

Ryu　: I understand. So listen. I typed all my homework into my computer at home. Five pages. Then, when I tried to print it out, the printer didn't work ...

John : (4) (　　　　　　　　　　　) You'd better do better than that.

Ryu　: ... so, I emailed it to you this morning, just before I left for school.

John : Really?

Ryu　: Yes. Didn't you get it?

John : Um, let me check my phone. (5) (　　　　　　　　　)
　　　　My apologies.

Ryu　: Thank goodness. I was worried.

(1)　A. Is it completed yet?　　B. Didn't you do it?
　　　C. Is it ready for me?　　 D. Did you leave it at home?

(2)　A. It's wrong,　　　　　　 B. Once more,
　　　C. On top of that,　　　　 D. After all,

(3)　A. I could.　B. I did.　　C. I mean.　　D. I know.

(4)　A. Come on!　　　　　　　 B. Bring it up!
　　　C. Where's that?　　　　　 D. Be on time next time!

(5)　A. Good try!　　　　　　　 B. Yes, here it is!
　　　C. Shame on you!　　　　　 D. No, I can't go online.

（関西大）

15

次の会話文を読み、空所に入る最も適切なものを選択肢から選び、その記号を答えなさい。

Lucy：John ... is that you? How have you been? It's been (1), hasn't it?

John：Lucy? It's great to see you again! What have you been doing with yourself?

Lucy：It's been tough, to be honest. I lost my job a few months ago when my company downsized.

John：Haven't you (2) for other positions yet?

Lucy：Yes, but they haven't gotten back to me. In the meantime, I started a distance learning course. I'm learning how to design websites now.

John：Good for you. How are you finding it?

Lucy：Well, I was doing quite well. I got a few high grades in the spring term. But I caught the flu and was in bed for a week, so now I have to (3) for the lessons I missed. I've also got an assignment for next week. And you? What have you been (4) to all these years?

John：Well, I don't know if you've heard about it, but I quit my job in a law office three years ago.

Lucy：Really? What have you been doing (5) then?

John：I set up my own business (6) a consultant to law firms.

Lucy：That's great. How's it going?

John：It wasn't easy at (7). To get clients, I had to ask around for contact details from other lawyers. Then I sent out letters to all the law firms in the city. I went through a hard time before I built my reputation.

Lucy：It (8) have been tough.

John：Yes, but it's been worth it. My business has really (9). Now I've got my own client base.

Lucy：Well, if you need someone to design your website, you can (10) on me.

John：Sure. We should definitely meet to talk about that.

Lucy：Great. I'll give you a call next weekend.

John：OK. Talk to you then.

(1)　A. ages　　　　B. long　　　　C. much　　　　D. times

(2)　A. accepted　　B. applied　　　C. attempted　　D. attended

(3)　A. do over　　　B. leave off　　C. make up　　　D. think about

(4)　A. become　　　B. doing　　　　C. on　　　　　D. up

(5)　A. around　　　B. by　　　　　C. since　　　　D. until

(6)　A. as　　　　　B. at　　　　　C. in　　　　　D. to

(7)　A. first　　　　B. last　　　　C. start　　　　D. time

(8)　A. certainly　　B. had　　　　C. must　　　　D. probably

(9)　A. blown over　B. come down　C. gone away　　D. taken off

(10)　A. ask　　　　B. count　　　　C. remember　　D. request

（甲南大）

次の対話文を完成させるため、空欄 1 ～ 6 に入るものとしてもっとも適切なものを、選択肢の中から1つずつ選びなさい。ただし、1つの選択肢は一度しか使えない。

A：It was great talking with you today.
B： 1 When do you want to meet next?
A： 2 My schedule is quite open next week.
B：How about next Monday at noon over lunch?
A：Sounds good to me. I have a coupon for a new restaurant in the neighborhood. 3
B： 4 Do they have any vegetarian options on the menu?
A：I'm not sure. I didn't know you were a vegetarian.
B：I'm not. 5
A：Are you okay with fish?
B：Of course! 6
A：Great! See you on Monday.
B：See you then. Let me know if you need anything.

選択肢
① I just feel like eating vegetables for a change.
② It expires next week.
③ I love seafood.
④ You name the day.
⑤ Likewise.
⑥ That's a deal.

（東洋大　全学部）

第
2
章

長
い
会
話
文
を
攻
略
す
る
！！

次の会話文を読み、空所（ 1 ）〜（ 10 ）に入れるのに最も適当なものを、それぞれ後の（a〜d）の中から1つ選び、その記号をマークしなさい。

May and Keita are international students at a Canadian university. They are from New Zealand and Japan, respectively. They are now having a conversation in the university cafeteria.

May ： I've noticed a lot more Japanese students on campus recently. It's fun for me! When they pass by, I listen and try to catch a few Japanese words I'm familiar with.

Keita： Japanese students who've been here (1) seem reluctant to mix with people from different backgrounds. I don't like to cling to students from my own country.

May ： (2). The best part of studying abroad is interacting with people from various cultures.

Keita： But it seems rather tough for us foreign students to make good friends here. Plus, I'm (3). I'm often at a loss for words, especially when I feel I'm expected to break the ice.

May ： You did well when you talked to me for the first time!

Keita： I (4) the effort since we happened to sit next to each other at the same table at that "Orientation & Lunch" program.

May ： Well, good on you! Also, the members at the table all seemed to want to avoid awkward silence, and, you know, the tasty food helped us relax.

Keita： I guess people tend to bond (5) food. I don't know why, but eating the same food brings people together, doesn't it?

May ： It sure does. But even if you don't have an opportunity to share meals, you can start a conversation at any time. For example, when you are waiting for your class to start.

Keita： I believe some classes (6) better than others for making friends, especially those that have group activities. I find that students who take the same class usually share common interests.

May ： And shared (7), if it's a required class.

Keita： "Sharing is caring." This expression applies here. Let me (8) your point about how to begin a conversation. Do you think it's a good idea to have some basic small-talk questions ready, such as "What classes are you taking?" and "What are your vacation plans?"

May ： I do, but the most difficult aspect is keeping the conversation going till we reach (9), like discovering similar experiences or values.

Keita： To keep the ball rolling, knowing (10) about everything would be preferable.

For example, if you don't know the result of a soccer game being discussed, you could still join the conversation if you know some soccer rules.

May ： Wise words, indeed. It makes sense to dedicate time and effort in starting conversations. Who knows? It might lead to a valuable friendship like ours, Keita!

(1) a. for times　　b. a while　　c. at periods　　d. in the meantime

(2) a. I don't, either　　　　　　b. Never had you
　　c. Not that I do　　　　　　d. Neither did they

(3) a. not much of a talker　　　　b. rather poor in a speaker
　　c. so much of a poor talker　　d. rather short of speakers

(4) a. made　　b. was on　　c. lacked　　d. got up

(5) a. against　　b. together　　c. over　　d. out

(6) a. work　　b. keep　　c. drive　　d. sit

(7) a. stairs　　b. relatives　　c. obligations　　d. exceptions

(8) a. renew on　　b. get back to　　c. set aside　　d. break up with

(9) a. heated dispute　　　　　　b. natural environment
　　c. summit of power　　　　　d. common ground

(10) a. everything　　b. a little　　c. almost　　d. fair

（関西学院大）

20

次の会話文を読み、空欄 (a)〜(d) に入れる最も適切なものをそれぞれ1つ選びなさい。

Eric is talking with his mother:

Mother：Hi Eric, you look upset. Did your team lose again?

Eric　：No, we won today, but something happened on the way home.

Mother：Oh, (a).

Eric　：Well, I got on the bus, and there was only one seat open. It was a priority seat, but I was tired, so I sat there.

Mother：I hope no one who needed to use the seat was standing.

Eric　：There were no old people standing, so I thought it was OK, but as soon as I sat down, an elderly man sitting on one of the regular seats shouted at me, "That's a priority seat!"

Mother：And? (b)

Eric　：Of course, I stood up because I was surprised! But don't you think you can sit on a priority seat when no one needs it? I'd give up the seat if someone who needed it got on.

Mother：Did anyone come and take the seat?

Eric　：No! Then I thought, "Why is this old man sitting on the regular seat, not on the priority seat?" I could have (c) if he had been on the priority seat!

Mother：(d). But anyone can sit on the regular seats. The most important thing is that you think about other people.

Eric　：I know, but ....

空欄（ a ）

1. I'm all ears　　　2. that's not true
3. that's something　4. I'm not surprised

空欄（ b ）

1. I like that.　　　2. Never mind.
3. Were you there?　4. What did you do?

空欄（ c ）
1. talked to him　　2. been shocked
3. sat down there　　4. thought about it

空欄（ d ）
1. I get it　　　　　2. That's nonsense
3. Don't mention it　4. Don't get me started

（京都産業大）

次の会話文を読み、空所に入る最も適切なものを選択肢から選び、その記号を答えなさい。

[The alarm bell rings at 6:30 a.m. A father goes to his son's room.]

Dad ： Tom! Wake up. You'll be late for school.

Tom ： I *am* (**1**) already: I have been since 5 a.m.

Dad ： How come? You're normally still (**2**) asleep at this time. Why did you wake up so early?

Tom ： I suppose I (**3**) have set my alarm clock for that time. I was worried about sleeping in.

Dad ： That doesn't really answer my question. Sleeping in is not something that you are usually too (**4**) about. It happens nearly every day of the week. What's different this morning?

Tom ： I have a Spanish test in school later on today, and I wanted to get up early to study (**5**) it. I failed the last two tests, so I have to do better (**6**) around, or else my Spanish teacher will move me to a lower class next term.

Dad ： I see. And so *did* you?

Tom ： Did I *what*? What do you mean?

Dad ： *Study* is what I mean! I don't see any books near the bed, Spanish or any (**7**) ones.

Tom ： Ah yes, well, the thing is: my books are still at school. I forgot (**8**) them home yesterday. I only noticed last night, when I got back. So I thought I would get up early and catch an earlier train.

Dad ： But you're still in bed! And now is the normal time to leave — for your regular train.

Tom ： Yes.

Dad ： And you're not even changed! If you don't want to miss your train, you (**9**) really better get a move on. Go on, hurry up and get your stuff together: if I drive you, and (**10**) you off at the station before 7, you might still make it to the early train. I'll be waiting in the car.

(1) A. down　　　B. late　　　C. up　　　D. wake

(2) A. even　　　B. far　　　C. near　　　D. sound

(3) A. can　　　B. must　　　C. need　　　D. used

(4) A. anxiously　　B. bothered　　C. trouble　　D. worry

(5) A. at　　　B. for　　　C. on　　　D. with

(6) A. this one　　B. that one　　C. this time　　D. that time

(7) A. of　　　B. other　　　C. some　　　D. which

(8) A. bringing　　B. to bring　　C. packing　　D. to pack

(9) A. had to　　B. had　　　C. need　　　D. need to

(10) A. drop　　　B. set　　　C. take　　　D. took

（甲南大）

次の会話文を読み、空所に入る最も適切なものを選択肢から選び、その記号を答えなさい。

Amy：Have you ever been in a car accident?

Paul：Not a car accident. I was in a bicycle accident once.

Amy：What happened?

Paul：It was a dark, rainy afternoon just before Christmas, a few years ago. I was out on my bicycle heading into town when my phone rang. I pulled it out of my pocket to see who it was. I saw it was my dad calling. He doesn't normally get in touch unless something serious is (1), so I felt like I had to answer it. It turned (2) that he only wanted to wish me a happy Christmas. But just as I was hanging up, I started down a pretty (3) hill, and must have speeded up a bit. Just then a car came out of a side street, about half-way down the hill.

Amy：Oh no.

Paul：I saw it at the very last minute. I braked hard and (4) to avoid the car, but the bike slipped, and my front wheel locked, and I was thrown over the handlebars. My body smashed into the ground. Fortunately, I was wearing a helmet, but even so I got quite a few cuts and scratches, and twisted my wrist.

Amy：That sounds (5). What happened with the driver of the car? Did he get out to help?

Paul：No, he just drove (6). But he might not even have noticed me. It was dark, I crashed behind him, and ... I didn't have any lights on the bike.

Amy：In the dark, without lights and you were on your phone?! It almost (7) you right. You were really lucky not (8) seriously injured. Did you go to the hospital to get yourself checked out?

Paul：Not right away. Maybe because of the shock, I didn't think it was (9) serious, so I just went home, pushing the bike. I slept really badly that night, though, so the next morning I took myself off to the emergency room.

Amy：And? What did they say?

Paul : They x-rayed my wrist, but there was no sign of any broken bones. And they sent me on my (10), with something for the pain. I guess it could have been a lot worse.

(1) A. in   B. off   C. on   D. up

(2) A. around   B. into   C. on   D. out

(3) A. steep   B. stiff   C. strict   D. strong

(4) A. directed   B. enabled   C. managed   D. succeeded

(5) A. awful   B. marvelous   C. scared   D. thrilled

(6) A. in   B. on   C. over   D. up

(7) A. gives   B. puts   C. serves   D. values

(8) A. have been   B. having been
     C. to have been   D. to have being

(9) A. little   B. such   C. that   D. thus

(10) A. home   B. line   C. method   D. way

（甲南大　文・経済・法）

26

次の文章を読み、後の問に答えなさい。

In this conversation, company executives are meeting to discuss their problems related to intercultural communication, and offering their feedback. Following the meeting, they all go out for dinner.

[At the meeting]

Midori : I know there are problems we all face while communicating with staff members from all over the world due to differences in communication styles. So let's begin with you, Willem. You're from Holland, and you mentioned earlier that you are having some problems communicating with one of your team members from the United States.

Willem : [ア]. Let me explain. Once a week I have a conference call with my American project leader. But, due to the time difference between the United States and Holland, she usually takes the call from home, talking to me at the same time as her children are getting ready for school.

Midori : Oh. That must be difficult for her, trying to manage her children and work at the same time. Could you give us a few more details?

Willem : Sure. You see, every time we talk her children are yelling in the background. It (1)drives me crazy! It's just impossible to discuss her project under these conditions.

Midori : I see. Have you mentioned anything to her about this?

Willem : [イ], I have. I've told her that it is impossible to discuss business while her children are so noisy. Basically, I've said it's a distraction, and I've asked her to find a solution. Her reaction was, however, quite negative. I think she really (2)took offense to what I said.

Midori : Oh. This is a serious problem. Does anyone have input for Willem?

Maarten : Yes, I do. I know Willem well, and I also have Americans on my project team, so I'm not (3)in the dark when it comes to this situation. Basically, there are two points I want to make. First, Willem, you're being inflexible. It's impossible for this woman to change the time her children prepare for school, so *you* need to consider the best time to call her. Second, I know that you can be socially ill-at-ease in some situations, and this is a good example. You need to think about the way you approach this problem, not just demand *she* find a solution. She's doing her best to cope with her family and job responsibilities.

Willem　: Oh, I'm rather (4)taken aback at your comments, but I'd like to reflect on what you've said.

At dinner following the meeting, Midori sees Willem and Maarten sitting together, laughing and talking.

[At dinner]

Midori　: Wow! I'm surprised to see you two sitting together after today's session.

Willem　: [ウ]? Why is that?

Midori　: Well, Maarten's response to your problem was (5)pretty frank. And you seemed rather upset by what he said. Or maybe I just misinterpreted the situation.

Willem　: It's true. I didn't like hearing the things he said about me. But I really appreciate his direct and honest feedback. Anyway, that's the way of communication in our Dutch culture.

Midori　: [エ]. In my Japanese culture we are much more indirect. We tend not to say directly what we think, especially if it might cause some uncomfortable feelings.

Maarten : Seems as if we've all learned a lot about each other's communication styles today.

問1 空所 [ア]～[エ] に入れるのに最も適切な語を選びなさい。

[ア]
① Correctly　　② Exactly　　③ Never　　④ Typically

[イ]
① Also　　　　② Indeed　　③ Now　　　④ Soon

28

[ウ]
　① Certainly　　② Really　　　③ Surely　　　④ Totally

[エ]
　① Exciting　　② Interesting　　③ Possible　　④ True

問2　下線部（1）〜（5）の本文中での意味に最も近いものをそれぞれ選びな
さい。

（1）drives me crazy
　① is exciting　　　　　　② is upsetting
　③ provides an excuse　　④ shows the way

（2）took offense to
　① was accepted by　　　② was angry with
　③ was ignored by　　　　④ was ashamed of

（3）in the dark
　① hidden　　② left alone　　③ scared　　④ uninformed

（4）taken aback
　① assured　　② interested　　③ rejected　　④ surprised

（5）pretty frank
　① direct　　② insincere　　③ kind　　④ unclear

（聖心女子大　文　改）

Read the following conversation that has words deleted in certain places. Choose the word or phrase marked ①, ②, ③ or ④ that best fills the numbered parentheses from the choices below.

Emily : Nao, it (1) ceases to amaze me how punctual and clean the trains are here in Japan. The passengers too seem ever so polite even on extremely packed rush-hour trains.

Nao　 : Yes, they're definitely known for their punctuality, and the majority of passengers are considerate, but there's a (2) share of them who aren't.

Emily : Really? You could have fooled me.

Nao　 : Come on. You must have seen people sitting in the priority seats when there are clearly other seats available. The corners are obviously the least crowded areas of the carriage which makes them the most comfortable places to sit.

Emily : Maybe, on occasion, but since no one is (3) from sitting there, I just assumed they would readily give up their seat if they saw someone in need.

Nao　 : Oh Emily, if only I could be so forgiving. You were always one to give everyone the (4). What about people who rush to get on the train while other people are still getting off? Don't tell me you've never seen that happen?

Emily : Okay, I must admit every now and then I've witnessed that, but it still pales in comparison to how often it happens in other countries.

Nao　 : You do have a point. The other thing that gets me going is when someone starts dozing off and keeps leaning on me.

Emily : True, I'm not on the train to be anyone's pillow, but I'm usually just so happy to get a seat that I don't let it (5) me. Napping on the train seems to be a time-honored tradition here.

Nao　 : You can say that again!

1.
① always   ② doesn't   ③ never   ④ often

2.
① fair   ② minority's   ③ very   ④ wrong

3.
① allowed   ② prohibited   ③ refused   ④ supposed

4.
① benefit of a doubt   ② benefit of doubts
③ benefit of the doubt   ④ benefits of doubt

5.
① bother   ② make   ③ mind   ④ please

（青山学院大　法）

Choose the most appropriate word or phrase from the list (a～m) for each item (1～7). Mark your choices on the separate answer sheet.

Socrates : My dear friend, Philo, it's been (1) since I saw you at the university! What have you been busying yourself with these days?

Philo : Nothing (2), I'm afraid.

Socrates : Come now. I know you better than any man, and I am fully certain that nothing (3) a disaster could keep you away from our lecture halls.

Philo : Well, if you must know, it has to do with my elderly grandfather — I mean the one on my father's side.

Socrates : Oh, yes, I know the fellow. He is one of the (4) gentlemen our city has ever had the pleasure of calling its own.

Philo : Indeed. Now, as I was saying, it was this grandfather of mine who, (5), kept me away from the university this past week.

Socrates : How so, my friend? Do tell.

Philo : Well, as it happens, my grandfather recently (6) a collection of ancient manuscripts, all of Egyptian origin, and all in superb condition. And I —

Socrates : And you spent the (7) last week decoding hieroglyphs. Am I right?

Philo : Guilty as charged.

(a) ages
(b) along the lines of
(c) better part of
(d) came by
(e) come rain or come shine
(f) for better or for worse
(g) in particular
(h) including
(i) long time
(j) most erudite
(k) short of
(l) stumbled out of
(m) up my sleeve

（早稲田大　文）

次の会話文を読み、後の設問に答えよ。

Lili and Julia are college freshmen. They are moving into a university residence.

Lili ： Hi, you must be Julia, right? I'm Lili, your roommate.

Julia： Hello! So good to meet you, finally.

Lili ：(1) I was really looking forward to seeing you in person. I suggest we go up to check out the room first and make sure that everything works.

Julia： Good idea.

(Entering their room a few minutes later)

Lili ： Looks good! I like the view and it is actually larger than I expected. Listen, I think this may be a good opportunity (イ)to go over some rules and our daily routines. (2)

Julia： Not at all. I agree it's important. What's your schedule going to be during the semester?

Lili ： Well, even though I'm not a morning person, I have registered for a bunch of really early classes. I hope that will force me to start the day at a reasonable hour and manage my time better.

Julia： Actually, (ロ)that will work out quite nicely. I tend to keep an early schedule too. Though obviously before the exam session I can see myself staying up late.

Lili ：(3) You're going to have a pretty tough schedule, I think. But if it gets really late, there is a common study room upstairs, open 24 hours. In fact, I will probably pull a few all-nighters myself. By the way, do you expect (ハ)to have people over quite a bit?

Julia： I don't know anyone in town yet, so I hope to make friends and bring them here once in a while, especially on weekends. Nothing too loud, mind you. I'll check with you first to make sure that it does not interfere with your plans.

Lili ：(4) A lot of my friends are thinking about visiting Montreal. Most of the time they'll check into a hotel but do you mind if occasionally they stay here?

33

Julia : Hmm.... This place is a bit small. Where are they going to sleep?

Lili : Ah, I haven't thought of it yet but probably I'll spread a couple of sleeping bags on the floor. At any rate, it's not going to be often at all.

Julia : Well, listen. _(ニ)We'll cross that bridge when we come to it. No point worrying about it now. Is there anything else?

Lili : (5) It seems _(ホ)we are not going to have any major issues. Let's help your dad bring everything up to the room.

設問 1　空所（1）〜（5）を埋めるのにもっとも適当なものを（a）〜（j）からそれぞれ1つ選びなさい。ただし、各選択肢は一度しか使えない。

(a) All the best.　　　　　　(b) I'd appreciate it.
(c) I hope you don't mind.　(d) Just a few more points.
(e) Likewise.　　　　　　　(f) So did I.
(g) That's understandable.　(h) We covered the basics.
(i) Would that be OK?　　　(j) You must be kidding me!

設問 2　下線部（イ）〜（ホ）の意味にもっとも近いものを（a）〜（d）からそれぞれ1つ選びなさい。

（イ）
(a) to analyze systematically　(b) to comply with
(c) to discuss briefly　　　　(d) to set aside

（ロ）
(a) that will be a good arrangement
(b) that will be enthusiastically received
(c) that will present a major challenge
(d) that will require an urgent solution

（ハ）
(a) to get a lot of calls　　(b) to go out frequently
(c) to receive many guests　(d) to travel regularly

（ニ）

    (a) We'll have to reconsider our lifestyles.

    (b) We'll need to do some shopping across the street.

    (c) We'll talk about it again at the appropriate time.

    (d) We'll work on this problem from now on.

（ホ）

    (a) our conversation is not really useful

    (b) our lifestyles are pretty compatible

    (c) we'll become close friends

    (d) we'll have to discuss our differences a bit more

（早稲田大　商）

Choose the most appropriate word or phrase from the list (a〜m) for each item (1〜7).

Adelaide : Everything's moved out! All we have to do is clean the apartment and return the keys.

Edgar : When do we have to clear out by? 5 pm?

Adelaide : By midnight, (1), but we can put the keys in the dropbox after hours. Nobody'll check.

Edgar : Oh, that's (2).

Adelaide : My friend's running some (3) now, but she'll help us soon. Let's catch (4) till then.

Edgar : Oh wait ... Have we seen the cat recently?

Adelaide : She must be hiding somewhere. *Tiramisu kitty? Where are you?*

Edgar : *Tiramisu? Tiramisu?*

— 30 minutes later

Adelaide : She disappeared! We looked everywhere. Did she escape while the movers were here?

Edgar : No way! We locked her inside the bedroom!

Adelaide : Maybe one of the movers opened the door ...

Edgar : They wouldn't (5)!

Adelaide : It just occurred to me ... Have you looked inside the kitchen silverware drawer?

Edgar : How could she get in? It's closed so tightly. But I guess it wouldn't (6) to look ... Oh, she's here! I never would have imagined in (7) she could get in there. How did she ...?

Adelaide : The back of the drawer's not completely sealed. She must have jumped up from the back.

Edgar : *Tiramisu, you little troublemaker! You should have answered when we called you!*

Adelaide : You do know you're talking to a kitty? ...

(a) a million years　(b) a relief　(c) dare

(d) errands　(e) exercise　(f) here

(g) hurt　(h) our breath　(i) retrospect

(j) stress　(k) technically　(l) the cat

(m) work

（早稲田大　文化構想）

Choose the most appropriate word or phrase from the list (a～m) for each item (1～7).

Alice：Hey Bob, (1)? Why so happy?

Bob　：I'm super hyped about tomorrow's Spring Festival in the city. Want to come with us?

Alice：Yeah, (2). I always love (3) with you.

Bob　：Awesome. We're going to meet up at 9 A.M. at the station.

Alice：Great. I'll see you tomorrow!

Bob　：Sure. Oh, by the way, don't forget to adjust your clock tonight. The time changes tomorrow, (4).

Alice：Wait, what?

Bob　：Daylight saving time. You've got to adjust your clock before you go to bed.

Alice：Oh, right. I always forget ... We don't have daylight saving time back home in Arizona.

Bob　：Really, (5)! That's surprising. Why is that?

Alice：Eh, (6). I suppose it's just too hot there. An extra daylight hour probably wouldn't save money. It's also easier that way. How's that work again, anyway? Forwards or backwards?

Bob　：Just keep in mind "spring forward, fall back." For spring, we lose an hour. If you aim for 9 A.M. today, you'll be an hour late tomorrow.

Alice：That would've been a disaster. You really saved my bacon. Thanks (7). See you tomorrow!

(a) beats me　　(b) for the tip　　(c) good job
(d) hanging out　(e) in advance　　(f) walking off
(g) what's up　　(h) you bet　　　(i) you don't say
(j) you know　　(k) you say　　　(l) you want
(m) you wish

（早稲田大　文化構想　改）

[A] *In the dialogue that follows, some words or sentences have been removed at the places marked* (1) – (18). *From the lists* [a] *and* [b] *below, choose the most appropriate word or sentence to fill in each of the numbered spaces and boxes. In both lists, all choices must be used; and the choices should be made to produce the most natural conversation overall.*

Amy ： Hey, what's new?

Carol ： Not much. How about you?

Amy ： (　　　　　(1)　　　　　)

Carol ： You are always full of energy, aren't you? I guess you are ready for the new academic year. Which courses are you taking this semester?

Amy ： Well, you know me. I'm still undecided. What about you?

Carol ： (　　　　　(2)　　　　　) I'll probably take Professor Chang's course called "Introduction to Southeast Asian Studies," though.

Amy ： I've heard great things about her. They say she is both brilliant and funny!

Carol ： That's exactly why I'm fired [(9)] about taking it. A friend told me her lectures last year made the students laugh so hard that they could barely take notes! I wonder where she got her unique sense of humor.

Amy ： She is a sociologist [(10)] training, isn't she? Perhaps she could have been a successful comedian if she hadn't become an academic.

Carol ： (　　　　　(3)　　　　　) Joking [(11)], they say she is a leading scholar in her field. She really knows her subject inside [(12)].

Amy ： I wish there were more teachers like her.

Carol ： Entertaining and insightful! (　　　　　(4)　　　　　) But, seriously, we'd better start making up our minds! There is little time before the registration period ends.

Amy ： Well, there are just so many courses to choose from. I don't even know where to begin. Any other suggestions?

Carol ： Well, [(13)] the top of my head, Professor Hayashi's "Gender in Modern Japanese Culture" sounds fascinating.

Amy ： Did I tell you that I practically grew up [(14)] Japanese *anime and manga?*

Carol : (　　　(5)　　　) Your room is full of things Japanese!

Amy　: I'm not going to lie. I'm still in love with Japanese pop culture [(15)] this day.

Carol : Is that why you've decided to study in Japan next summer?

Amy　: Yes. I've studied Japanese for 7 years, and now I want to see how good I am! [(16)], I can't get enough of *anime* and *manga*!

Carol : You are always combining pleasure and learning! (　　　(6)　　　)

Amy　: Thanks! Oh, wait, I just remembered! There is a class I really want to take.

Carol : (　　　(7)　　　)

Amy　: It's called "The Deterioration of Democracy in the Digital World."

Carol : That sounds rather depressing. Who's teaching it?

Amy　: Professor Johnson. He joined this university last year, and he is awesome! I ran [(17)] his "Social Media and the Future of Digital Democracy" last semester. (　　　(8)　　　)

Carol : Well, that's a start!

Amy　: Yep. I just need to think of at least three more. In the meantime, I also have to clean up my room!

Carol : It's about time. To tell you the truth, your room is full of cute stuff, but it's magnificently disorganized. Really, your untidiness is [(18)] belief!

Amy　: If you feel that way, your help would be phenomenally appreciated!

[**a**]　To fill in each of the spaces (1) − (8), choose a sentence from the list below:

0.　Go on, I'm all ears.　　　　4.　It's mostly up in the air.
1.　I couldn't be better.　　　　5.　It was a total eye-opener!
2.　I wouldn't be surprised!　　 6.　That's a rare combination.
3.　Well, I guessed as much.　　 7.　That's what I admire about you.

[**b**]　To fill in each of the boxes (9) − (18), choose a word from the list below, ignoring capitalization:

0.　across　　1.　aside　　2.　besides　　3.　beyond　　4.　by
5.　off　　　 6.　on　　　 7.　out　　　　8.　to　　　　9.　up

（慶応大　法　改）

次の対話文を読み、設問に答えなさい。

Patrick ： Morning sir! (*energetically*).

Mr. Hiyoshi ： What? Oh, it's you. Hi. (*walks off grumpily and restlessly*).

Patrick ： (*turning towards Cecilia*). Whoa! ① Someone got out of the wrong side of the bed.

Cecilia ： ② Cut him some slack! Can't you see it's his "big" day?

Patrick ： (*looking puzzled*). Big day? I don't know nothin' about a big day.

Cecilia ： Geez, you're so naïve. Do I need ③ to spell it out for you? Well, you know how Mr. Hiyoshi looks so happy and excited when he's talking to Ms. Yagami, you know, like the other day when we watched that movie in class? (*Patrick nods vigorously*). He was like: "I love Hachi, it's one of my favorite movies!" OK. Now do you also remember what the guys said they saw yesterday?

Patrick ： Yeah, they said he was rehearsing his Shakespeare after class all alone in the Biology Room. What was it, like "Shall I compare thee* to a summer's day?"

Cecilia ： No, no. Not that one. It was "Love is not love which alters when it alteration finds." OK, and right now, just before you said hi to him, I saw him shoving a small box into his bag. So you ④ do the math, and what?

Patrick ： (*gaping*). He's gonna do it. He's gonna get down on one knee and say it. Three words, eight letters?

Cecilia ： (*rolling her eyes*). That too, but more like four words, fourteen letters with a question mark at the end?

Patrick ： You really think?

Cecilia ： Oh no, I *know* for a fact.

Ms. Yagami ： (⑤ *appearing out of thin air, barges in the conversation*). Enough speculating, you two! You've got it all wrong. Let me explain. (*showing her left hand*). Yes, I *am* getting married, but not to Mr. Hiyoshi. Actually, I've asked him to give a toast at the wedding party. We've been good friends — best friends.

Patrick　　　：But I thought you said your best friend was ...

Ms. Yagami：Who ever said "best friend" had to be in the singular?

Cecilia　　　：But what's in the box, then?

Ms. Yagami：(*smiling*). It's what you think it is alright, just not for me. (*showing her left hand again*). Don't tell me you haven't seen him with Ms. Mita. And by the way, it's Valentine's Day in a couple of days, you know.

*thee = you

1　下線部①〜⑤に関する以下の質問において最も適切なものを選択肢1〜4の中から選びなさい。

① In the context of this dialogue, "Someone got out of the wrong side of the bed" means that Mr. Hiyoshi
　　1．had a sore back 　　　　　2．looked stiff
　　3．was in a bad mood 　　　4．was still in his pajamas

② In the context of this dialogue, "Cut him some slack" means
　　1．Cheer him on 　　　　　　2．Cut him off
　　3．Give him a piece of cake 　4．Go easy on him

③ In the context of this dialogue, "to spell it out for you" means
　　1．to cast a spell on you
　　2．to explain it to you
　　3．to give you the spelling of "big day"
　　4．to repeat what I said to you

④ In the context of this dialogue, "do the math" does NOT mean
　　1．calculate the cost 　　　　2．put it all together
　　3．put the pieces together 　　4．work it out

⑤ In the context of this dialogue, "appearing out of thin air" means that Ms. Yagami
　　1．came down from upstairs 　2．came out of nowhere
　　3．rang the doorbell 　　　　4．was out of breath

2 対話文の内容に一致するものを選択肢1〜8から3つ選びなさい。ただし、解答の順序は問いません。

1. According to Cecilia, Shakespeare did not write a poem with the line "Shall I compare thee to a summer's day?"
2. Before Ms. Yagami interrupted, Cecilia believed that Mr. Hiyoshi and Ms. Yagami were in a serious relationship.
3. Cecilia thinks Patrick is clever.
4. Mr. Hiyoshi and Ms. Yagami get along with each other.
5. Mr. Hiyoshi is always mean to Patrick.
6. Mr. Hiyoshi will be bringing food to Ms. Yagami's wedding party.
7. Ms. Yagami implies that she has more than one best friend.
8. Ms. Yagami is getting married on Valentine's Day.

3 対話文に関する以下の質問に答えなさい。解答は英語で書きなさい。

Based on the dialogue, what do you think the four words/fourteen letters are? You may not use punctuation marks such as commas (,), apostrophes ('), and exclamation marks (!) in your answer. Write your sentence in the space provided, leaving one space blank between words.

（慶応大　理工　改）

MEMO

MEMO

MEMO

MEMO